OMNICHANNEL AND CUSTOMER STRATEGY

オムニチャネルと顧客戦略の現在

KONDO Kimihiko
近藤公彦
NAKAMI Shinya
中見真也
［編著］

千倉書房

まえがき

　オムニチャネル（omnichannel）は、小売業のみならず、流通業全体、さらにはマーケティングにおいて近年のもっともホットなテーマといっていいだろう。オムニチャネルの新たな取り組みが日々、着手され、オムニチャネルに関する膨大な数の新聞・雑誌記事やネット記事が更新されている。アカデミアにおいてもまた、さまざまな学術専門誌で継続的に特集が組まれるなど、オムニチャネル研究は日進月歩で進展している。

　オムニチャネルという概念がはじめて提示されたのは、2011年、米国の全米小売業協会（National Retailing Federation）の報告書 "*Mobile Retailing Blueprint V2.0.0*" においてである。同じ年、大手百貨店メイシーズ（Macy's）が「オムニチャネル宣言」を行い、以来、ウォルマート・ストアーズ（Wal-Mart Stores）、ウォルグリーン（Walgreen's）、ステイプルズ（Staples）など、多くの米国小売企業がオムニチャネルを推進してきた。オムニチャネルは瞬く間に世界的規模で拡大し、期を同じくして日本でもまた、東急ハンズ、ヨドバシカメラ、無印良品といった専門店が EC（electronic commerce：電子商取引）で購入した商品の店頭受け取りや、顧客情報、在庫情報の一元管理、EC 上で店舗在庫を確認できるサービスを開始した。2015年11月には、日本最大の小売企業グループであるセブン＆アイ・ホールディングスが、グループ企業（約20社）が扱う300万品目を EC で購入し、コンビニエンスストアを中心としたグループ全店舗（約1万8500店）で受け取り・支払い・返品ができるオムニ7を始動させ、大きな話題を呼んだ。2017年には米国において、ネット販売の巨人、アマゾン（Amazon）が高級スーパーのホールフーズ（Whole Foods）を買収し、本格的に店舗事業に参入したことは記憶に新しい。

　こうしたオムニチャネルの大きなうねりは、小売業からメーカーや卸売業者、物流業者、IT 企業、さらには金融機関や外食産業へと広がりを見せている。

本書は、このような世界的規模で、かつきわめて速いスピードで発展を続けるオムニチャネルに焦点を当て、その本質と全容を明らかにすることを目的とするものである。ただし、本書では、オムニチャネル企業の業種を超えた広がりを意識しながらも、分析の焦点を小売業に限定する。なぜなら、オムニチャネルが生まれ、推進されてきた小売業にこそ、オムニチャネルの本質が内包されていると考えるからである。

　本書を貫徹するリサーチ・クエスチョンは次の5点にあり、それらへの「回答」が本書を構成する。

　　RQ1．オムニチャネルの本質は何か。
　　RQ2．オムニチャネルはどのような環境のもとで生成したのか。
　　RQ3．オムニチャネル環境において消費者はどのように変容し、どのように行動するのか。
　　RQ4．小売企業はオムニチャネル戦略をどのように戦略的・組織的に推進するのか。
　　RQ5．オムニチャネルの成果はどのような指標で評価され、それはどのような成果をもたらすのか。

　第Ⅰ章はRQ1に対応し、本書のタイトルでもある「オムニチャネルと顧客戦略」について考察する。ここでは、オムニチャネルが市場ゲームとしてのマーケティングに大きな転換を促すマーケティング・イノベーションとして位置づけられるべき戦略であることが強調される。すなわち、マーケティング・イノベーションの次元である取引主体（企業）、取引対象（商品・サービス）、取引相手（消費者）、取引様式（流通）、および取引の場（競争市場の範囲）のそれぞれにおける再設計を取り上げる。

　第Ⅱ章は、RQ2に焦点を当てる。オムニチャネルが登場した環境の変化について検討する同章の問題意識は、マーケティングが消費者行動を変容させてきたという従来の因果関係とは逆に、小売業を取り巻く市場・競争環境の劇的

変化がオムニチャネルを生み出した、という理解にある。その変化とは、スマートフォンやタブレットなどのスマート・デバイスが普及することによって、いつでも、どこでも消費者が商品・サービスの情報を収集し、購買決定ができるユビキタス環境の出現とそのもとでの競争行動である。

　第Ⅲ章は、RQ3に対応する。ここでは、マルチチャネル・ショッパー（multichannel shopper）からオムニチャネル・カスタマー（omnichannel customer）への変化を取り上げるとともに、消費者の一連の買物行動をカスタマー・ジャーニーとして捉え、そこでの顧客経験、顧客ロイヤルティ、ならびに顧客エンゲージメントについて議論の経緯や思考枠組みなどを明らかにする。

　第Ⅳ章から第Ⅶ章はRQ4に対応し、オムニチャネルの市場戦略の側面、ならびにオムニチャネル組織の構造と調整問題を扱う。

　第Ⅳ章では、企業の第1の戦略的視点、すなわち小売企業のフロント・システムからオムニチャネルを検討する。ここでは、ブランドの統合的管理という観点から、統合マーケティング・コミュニケーション（IMC：Integrated Marketing Communications）とオムニチャネルの関連性を明らかにするとともに、オムニチャネルにおける小売企業のブランド戦略について考察する。第Ⅴ章では、第2の戦略的視点、オムニチャネル小売業のバックシステムを検討する。ここではまず、オムニチャネルにおいてもっとも重要であり、消費者にシームレスな買物経験を提供するために不可欠なチャネルの統合問題を取り扱い、チャネル統合の対象とその条件を提示する。また、活動としてのオムニチャネルを支えるオムニチャネル組織と、オムニチャネル組織の構築を阻害する要因を組織間関係の観点から整理する。

　第Ⅵ章は、オムニチャネルにおける流通フローに焦点を当て、そこでのサプライチェーン・マネジメント（SCM：Supply Chain Management）のあり方とその課題を明らかにする。つづく第Ⅶ章では、オムニチャネルにおける決済システムを取り上げ、その独自性と重要性を考察する。

　そして最後に第Ⅷ章では、RQ5について検討を行う。オムニチャネル戦略の結果として、それはどのような指標から評価され、またどのような成果が期

待されるのかを実際の事例を紹介しつつ、考察していく。

　本書は、日本マーケティング学会リサーチ・プロジェクトであるオムニチャネル研究会に所属するメンバーにより執筆されたものである。オムニチャネル研究会は学術界と実務界で活躍するメンバーからなる産学協同の研究組織として2015年11月に活動を開始し、ほぼ月１回のペースで研究会を開催して、多角的な視点からオムニチャネルを議論してきた。本書は、その研究成果としてまとめられたものである。

　本書の執筆に際して研究会メンバーがもっとも留意したことは、日々刻々と変わるオムニチャネルの現象面に振り回されるのではなく、そうした現象を踏まえつつも、その底流に流れる本質を捉え、オムニチャネルを俯瞰する座標軸として理論的な視座と実践的な示唆を提供することである。

　最後に、今般の出版事情の厳しい折にもかかわらず、本書の価値をご理解いただき、ご高配をいただいた千倉書房社長千倉成示氏、ならびに多大な編集の労をお取りいただいた同社編集部長神谷竜介氏に、執筆者一同厚くお礼を申し上げる次第である。

　　2019年6月
　　執筆者を代表して

　　　　　　　　　　　　　　日本マーケティング学会リサーチ・プロジェクト
　　　　　　　　　　　　　　オムニチャネル研究会リーダー
　　　　　　　　　　　　　　　　　　　　　　　　近藤公彦

オムニチャネルと顧客戦略の現在

目次

まえがき ……………………… Ⅲ

第Ⅰ章　オムニチャネル時代の顧客戦略 ──── 002

1　オムニチャネルとは何か …… 002
2　オムニチャネルの革新性 …… 005
3　顧客戦略としてのオムニチャネル …… 010
4　日本型オムニチャネル …… 013
5　おわりに …… 019

第Ⅱ章　市場環境の変化とオムニチャネルの発展 ──── 021

1　オムニチャネルをめぐる環境変化 …… 021
2　スマホの出現によるオムニチャネル戦略 …… 036
3　オムニチャネルへの展開 …… 038
4　オムニチャネル環境の広がり …… 047
5　消費者行動の変化 …… 052

第Ⅲ章　オムニチャネル・カスタマーへの変遷とその理解 ── 060

1　マルチチャネル・ショッパー …… 060
2　オムニチャネル・カスタマー …… 071
3　カスタマー・ジャーニーと顧客接点 …… 078
4　顧客経験の概念化、促進要因、成果、測定 …… 084
5　顧客ロイヤルティと顧客エンゲージメント …… 090

第 IV 章　オムニチャネル戦略 ─────── 096

1　IMCとオムニチャネル …… 096
2　IMC視点に基づくブランド戦略の重要性 …… 103

第 V 章　オムニチャネルのマネジメント ─────── 122

1　チャネルの統合的管理 …… 122
2　オムニチャネルと組織能力 …… 131

第 VI 章　オムニチャネルにおけるSCM ─────── 148

1　流通フロー観点で見るオムニチャネル化の課題 …… 148
2　成功のためのSCM戦略：タイプ分け＆分析 …… 154
3　アパレル業界の場合：課題、解決、新たな可能性 …… 163

第VII章　オムニチャネルにおける決済の戦略と課題 ── 171

1　オムニチャネル時代における決済の概念と重要性 …… 171
2　決済とロイヤルティ・プログラムの関係 …… 177

第VIII章　オムニチャネルの成果指標 ── 186

1　オムニチャネル時代における成果指標の現状とこれから …… 186
2　成果指標のフレームワークのあり方 …… 192
3　オムニチャネル先進企業の成果指標事例：
　　カメラのキタムラ …… 198
4　チャネルシフトを踏まえたマーケティングROI …… 202

あとがき …… 206

参考文献 …… 208

オムニチャネルと顧客戦略の現在

第 I 章 オムニチャネル時代の顧客戦略

　この章では、本書のタイトルに冠した「オムニチャネルと顧客戦略」の構図を示すとともに、本書全体にわたる問題意識を提示する。その問題意識とは、オムニチャネルが単なる新しいマーケティングではなく、マーケティングという市場ゲームに大きな転換を促すマーケティング・イノベーションとして位置づけられる戦略であるという点である。

　以下ではまず、本書におけるオムニチャネルの統一的な定義を示し、その定義の含意を説明する。次に、マーケティング・イノベーションとしてのオムニチャネルの視点から、マーケティング・イノベーションの次元である取引主体（企業）、取引対象（商品・サービス）、取引相手（消費者）、取引様式（流通）、および取引の場（競争市場の範囲）のそれぞれの再編を考察する。そして、オムニチャネルが企業主導のマーケティング戦略ではなく、顧客に焦点を当てた顧客戦略として実践されなければならないことを示す。最後に、日本の小売業に注目した日本型オムニチャネルの特質を明らかにする。

1　オムニチャネルとは何か

　第Ⅱ章で詳述するように、オムニチャネルが生み出された背景にはさまざまなものが指摘されるが、そのもっとも大きな要因は、スマートフォン（以下、スマホ）やタブレットといったスマート・デバイスの普及、ならびにソーシャル・メディア、モバイルアプリ、モバイル・ペイメント、あるいはビッグデータ処理技術等のソフトウェア技術の進化にある（Piotrowicz & Cuthbertson 2014）。これによって企業と顧客とのコンタクト・ポイントが質量ともに飛躍的に拡大し、

消費者の買物行動が劇的に変化した。すなわち、消費者の買物行動がユビキタス (ubiquitous) 化し、時間と空間の制約から解放されて、多様なチャネルを通じていつでも、どこでも、買物やそれに関わる情報収集が可能となったのである (Wang et al. 2015；山本 2015)。

このようなユビキタス化した買物環境において、消費者は実店舗で商品を実際に見て、販売員から商品情報を得て、その後、その商品がより低価格で提供される EC で購入するショールーミング (showrooming) という行動を取りはじめた (Daunt & Harris 2017；Rapp et al. 2015)。実店舗を取引が発生しない、文字どおりショールーム化するこの行動は、店舗小売業の EC 販売への対応を促し、クリック&モルタル、マルチチャネル、クロスチャネル、そしてオムニチャネルへの展開に繋がっていく。

本書では、オムニチャネルを「すべてのチャネルを統合し、消費者にシームレスな買物経験を提供する顧客戦略」と捉えておこう (近藤 2015；2018)。伝統的なマーケティングに対して、オムニチャネルのこの定義は次のような点でユニークである。

第1は、オムニチャネルを構成するチャネルに関わる。それらは、実店舗、販売員、電話、テレビ、カタログ、ダイレクトメール、コールセンター、チラシといった従来のチャネルに加えて、インターネット、メール、スマホ、ソーシャル・メディア (以下、SNS) といったものが挙げられる (Neslin & Shankar 2009；Valos et al. 2010)。こうしたチャネルに見られるように、オムニチャネルには伝統的なマーケティングで中心的に位置づけられてきた所有権移転経路である取引チャネルだけでなく、売り手と買い手との間でさまざまな情報が交換されるコミュニケーション・チャネルを含んでいる。Neslin et al. (2006) や Beck & Rygl (2015) がチャネルを「企業と顧客が交流する顧客接点あるいはメディア」と理解し、また Neslin & Shankar (2009) がチャネルをコミュニケーション手段 (communication vehicle) と捉えているように、多様な顧客接点を通じた取引／コミュニケーション・チャネルがオムニチャネルなのである。

第2のポイントは、シームレス (seamless) な買物経験である。「継ぎ目のな

い」を意味するシームレスは、オムニチャネルでは「消費者がある顧客接点から他の顧客接点に移る際に、情報が統合的かつ間断なく提供される状態」を指す（Huré et al. 2017；Schramm-Klein et al. 2011）。シームレスな買物経験とは、例えば、次のような状況である。

　消費者が衣料品小売業Ａ社のECで商品情報を収集し、各種のレビューをチェックした後、Ａ社の最寄りの実店舗で商品在庫があるかどうかを確認し、実店舗に出向する。そこで実際に商品を見て、店員からさらに詳しい説明を受ける。その場で商品の購入を決め、ECで以前に購入した際に発生したポイントを支払時に使う。購入した商品は、自宅に届けてもらい、後日、同社のECサイトを開くと、これまでの購買履歴から自身の嗜好に合った商品がレコメンドされている。

　第3に、オムニチャネルをマーケティング戦略ではなく、顧客戦略と位置づけていることである。マーケティング・ミックスに代表される伝統的なマーケティング・マネジメント体系では、製品、価格、流通チャネル、およびプロモーションの整合的な戦略実行が中心的な課題であった（cf. Kotler & Keller 2015）。しかし、オムニチャネルはこうしたマーケティング・マネジメント体系を超えるものであり、その領域はマーケティング・ミックスに加えて、各種データ、チャネル組織、そして物流・ロジスティクスへと大きく拡大する。各種データに関しては、顧客の属性や購買・利用データだけでなく、ウェブ・アクセスログ、スマホアプリ利用ログ、チェックイン等、行動ログに関わるデータ、商品の仕入れ・販売データ、ならびに物流・ロジスティクス・データ等、多様なカテゴリーのデータを統合的に管理する必要がある（近藤 2015）。また、オムニチャネルを運営する組織、ならびにその組織活動を支える資源・能力を構築・調整し、さらに、商品の調達から消費者への配送を扱う物流・ロジスティクスを円滑に遂行しなければならない（Hübner et al. 2016a；Hübner et al. 2016b）。

　こうした3つの点から、オムニチャネルは伝統的なマーケティングに大きな視点転換を迫る革新的な顧客戦略として位置づけられるのである。そこで次に、マーケティング・イノベーションの視点からオムニチャネルの革新性を整

理してみよう。

2 オムニチャネルの革新性

　マーケティング・イノベーションとは、「マーケティング取引を促進する革新的な方法」である（田村 1989, p.33）。消費者行動のユビキタス化に対応した小売業のオムニチャネルの展開は、消費者起点のマーケティング・イノベーションと捉えることができる。それは、売り手である企業が需要を喚起し、消費者行動の変化を引き起こしてきたこれまでの企業主導型マーケティング・イノベーションとは異なる様相を呈している。

　マーケティング・イノベーションは、取引主体（企業）、取引対象（商品・サービス）、取引相手（消費者）、取引様式（流通）、および取引の場（競争市場の範囲）という5つの次元からなる（田村 1989）。これらマーケティング・イノベーションの次元にしたがって、オムニチャネルの革新性を考えていくことにしよう。

1 ▶▶▶ 取引主体（企業）

　取引主体（企業）に関わるマーケティング・イノベーションは、2つの局面からなる。第1は、オムニチャネルの主体（プレイヤー）の多様化である。伝統的なマーケティングの主体は、取引チャネルとしてのマーケティング・チャネルのメンバーであるメーカー、卸売業者、小売業者であった。一方、オムニチャネルでは、こうしたチャネル・メンバーに加えて、伝統的なマーケティングでは外生的な与件とされてきた垂直的なサプライ・チェーンや消費者への配送を担う物流業者（角井 2015）、そしてオムニチャネルに不可欠な情報システムやプラットフォームを構築するIT企業（奥谷・岩井 2018）が重要なプレイヤーとして現れる。これにより、物流・ロジスティクスや情報はオムニチャネルが直接的に取り組むべき領域となる

　取引主体の再構築のもうひとつの側面は、オムニチャネル組織に関連する。消費者にシームレスな買物体験を提供するためには、オムニチャネルを担う組

織の統合的管理が重要となる。すなわち、店舗部門、EC部門、商品部門、顧客サポート部門といったオムニチャネルに関わる組織の資源や能力を調整して、最大の成果を追求する一方、ターゲットとする顧客セグメントをめぐるコンフリクトやカニバリゼーションを回避する組織的な仕組みを構築しなければならない（Kollmann et al. 2012）。さらに、後述する多業態オムニチャネルとして特徴づけられる日本型オムニチャネルでは、複数の業態を跨いだ水平的な調整や垂直的なサプライ・チェーンの調整といった水平・垂直両面での境界連結がきわめて重要となる（高嶋・金 2018）。

2 ▶▶▶ 取引対象（商品・サービス）

　取引対象のマーケティング・イノベーションは、商品・サービスの再編を指す。ここではまず、オムニチャネルで提供される商品・サービスの品揃えをチャネル間でいかに調整するかが大きな課題となる（Emrich et al. 2015）。先に触れたように、オムニチャネルは多様なチャネル要素から構成され、それぞれのチャネルにもっとも適した商品・サービスが存在する。例えば、販売員から詳細な説明を受けることが必要な商品・サービスでは、店舗チャネルが最適なチャネルであろうし、一方、売れ筋から外れたロングテール商品の場合、膨大な品揃えが可能なECチャネルが適切であろう。こうした状況の下で、どのチャネルにどのような商品・サービスを提供するか、またどのチャネルを通じて商品・サービスの情報提供を行うか、そしてそれらをオムニチャネル全体でいかに統合的に調整するかは、決定的に重要な課題である。そうした統合的管理が不十分であれば、不良在庫や欠品などが発生したり、商品・サービスの情報が消費者に行き渡らず、結果としてオムニチャネルの成果に負の影響をもたらすだろう。

　また、多業態オムニチャネルとして特徴づけられる日本型オムニチャネルの場合、品揃えの調整問題はさらに深刻な問題として現れる。セブン＆アイ・グループのオムニ7やイオングループのイオンドットコムといったオムニチャネルのプラットフォームでは、膨大な数の商品・サービスを参加する企業、業

態を跨いで統合的に管理することは容易ではない。加えて多業態オムニチャネルは、商品・サービスの購入に関わる顧客経験（customer experience）を破壊する可能性を秘めている。例えば、オムニチャネルのプラットフォームに参加する百貨店から貴金属を購入し、それをグループ内のコンビニエンスストアで受け取る場合がそうである。

　こうして複数のチャネルにおける商品・サービスをオムニチャネルとして統合的に管理し、オムニチャネル全体の成果を高めるには、革新的な管理様式が必要なのである。

3 ▶▶▶ 取引相手（消費者）

　オムニチャネル環境において消費者行動は著しく変容する。実店舗など単一のチャネルのみを利用する消費者はシングルチャネル・ショッパー（single channel shopper）と呼ばれる。店舗がほぼ唯一の購買チャネルであった時代において、消費者はシングルチャネル・ショッパーであった。これに対して、オムニチャネル環境で複数のチャネルを自由に往来するオムニチャネル・カスタマーは、実店舗で商品情報を収集し、EC で購入するショールーミング（showrooming）や EC サイトで情報収集し、実際には実店舗で購入するウェブルーミング（webrooming）など、クロスチャネル行動を取ることが常態である（Bell et al. 2014；奥谷 2016）。

　ここでのマーケティング・イノベーションは、顧客の識別性のもとでオムニチャネル戦略が展開されることである。伝統的なマーケティングは顧客の識別困難性（無名性）が前提であり、それゆえ、市場細分化やターゲット市場の設定は具体的な顧客アプローチの方法を欠き、概念的な示唆にとどまってきた。これに対してオムニチャネルでは、顧客の属性と購買行動がデータとして蓄積され、データ主導型のオムニチャネル戦略が実行される（Brynjolfsson et al. 2013）。例えば、顧客データの分析から、ある商品・サービスを購入・利用する可能性の高い顧客セグメントを識別し、そのセグメントに属する特定の顧客（個客）に SNS を通じてアプローチするような状況である。この点において、オムニ

チャネルは顧客との関係構築・維持を主題とする CRM（Customer Relationship Management）との高い親和性を有する（Awasthi & Sangle 2012；Payne & Frow 2004）。

このように顧客識別のもとで遂行されるオムニチャネルは、きわめて革新的な実践なのである。

4 ▶▶▶ 取引様式（流通）

取引様式におけるマーケティング・イノベーションの焦点は、矢作（2016）が流通アンバンドリングとデコンストラクションと呼ぶマーケティング・フローの「束」の解体、ならびにその再編集にある。伝統的なマーケティングでは実店舗が取引の場であり、商流、物流、情報流、資金流といった種々のマーケティング・フローは実店舗に収斂していた（田村 2001）。すなわち、商品が品揃えされ、販売員と消費者との間で商品・サービスに関わる情報交換がなされ、そして売買が行われるのが実店舗である。

これに対してオムニチャネルでは、商品・サービスの取引の場は必ずしも実店舗に限られるわけではない。例えば、EC サイトで商品が品揃えされ、情報が提供され、問い合わせが受け付けられ、注文がなされ、そしてクレジットカード等で決済される。商品の受け取りは、自社あるいはグループの実店舗や提携先の実店舗、宅配、また宅配ボックスを通じて行われる。

さらに、オムニチャネル SCM（Chopra 2016）では、物流・ロジスティクスと情報流を垂直的にスムーズに連結することがシームレスな買物経験の提供には不可欠となる。なぜなら、商品の発注から受け取りまでのリードタイムを短縮し、消費者の待機時間を削減することは、オムニチャネルの利便性を高め、顧客満足の向上に大きく寄与するからである。

こうしたオムニチャネルにおいて消費者にシームレスな買物経験を提供するために決定的に重要な活動は、商流、物流、情報流、資金流からなるマーケティング・フローを消費者レベルで収束させることとなる。そしてこのことは、伝統的なマーケティングで実店舗に収束していたマーケティング・フローを消費者レベルで完結するように、その仕組みを再編集することを必要とするので

ある。

5 ▶▶▶ 取引の場（競争市場の範囲）

　オムニチャネルによる取引の場のマーケティング・イノベーションは、競争市場の重層化である。伝統的なマーケティングにおける取引の場をめぐる競争は、マーケティング・フローの収束する実店舗間の競争であり、「商圏」や「小売吸引力」といった概念は、そうした競争構造を表している。すなわち、個々の実店舗は商圏という一定の地理的範囲を活動の場とし、商圏の重なる競合店舗から消費者をいかに自店舗に引き付けるかをめぐって競争してきた。

　これに対してオムニチャネルでは、そうした店舗間競争のみならず、実店舗とECとの間のオフライン・オンライン競争、さらにオンライン上でのEC間競争と重層的に展開されている。実店舗とECとの間では、それぞれのチャネルの優位性を活かしてショールーミングやウェブルーミングを回避し、消費者を吸引しなければならない。またEC間競争では、品揃えや価格水準、決済の容易さなど自社ECの訴求力（効果）を高めたり、利便性（効率）を提供することによって、消費者を獲得・維持することが必要になる。

　オムニチャネルでさらに特徴的なのは、こうした重層的な競争市場において自社チャネル間の調整が問題を複雑にすることである。すなわち、オムニチャネルでは複数のチャネルが水平的に連動し、消費者にシームレスな買物環境を提供することが必要条件となるが、これが十分に機能しない場合、先に触れたように、市場や顧客セグメントをめぐってチャネル間でコンフリクトやカニバリゼーションが生じる可能性がある。

　このように競争市場が重層化した状況で遂行されるのがオムニチャネルであり、ここにマーケティング・イノベーションとしてのオムニチャネルの特徴がある。すなわち、重層化した競争市場のもとで自社チャネル間のカニバリゼーションを回避しつつ、オムニチャネル全体として競合他社との競争優位を構築するという高度なマーケティング・イノベーションを必要とするのである。

　以上のように、オムニチャネルを捉える重要な視点は、それを単なる新たな

マーケティング手法ではなく、市場ゲームのプレイヤーとルールを変えるマーケティング・イノベーションとして理解することである。マーケティング・イノベーションとしてのオムニチャネルはさらに、行為主体である（小売）企業に焦点を当てたマーケティング戦略から行為対象である顧客を中心においた顧客戦略へと大きな戦略転換を迫る。

3 顧客戦略としてのオムニチャネル

オムニチャネルを顧客戦略として位置づける必要性は、次のように整理することができる。伝統的なマーケティングでは、取引チャネル（商流）に焦点を当て、メーカーから卸売業者、小売業者、消費者にいたる垂直的な関係を重視してきた一方、物流・ロジスティクスはマーケティング・ミックスにおける直接的な操作対象ではなく、外生的な与件として捉えられてきた。伝統的なマーケティングはまた、消費者行動に関して顧客の識別困難性を前提としており、そのため市場（顧客）細分化やターゲット市場（顧客）の設定もあくまで概念的な示唆に留まっている。

こうした伝統的なマーケティングの枠組みは、顧客戦略としてのオムニチャネルにより、その再構築が迫られることになる。第1に、伝統的マーケティングにおいて与件とされてきた物流・ロジスティクスに関して、オムニチャネルは消費者への配送を戦略的課題として明示的に取り込む。オムニチャネルにおいては、提携先の宅配業者を通じてのみならず、実店舗が商品の配送・受け取り拠点の役割を担うことにより、いわゆるラスト・ワン・マイル問題に対処する。第2に、消費者行動に関してオムニチャネルは、データに基づいた顧客識別を前提とし、特定の顧客セグメントに対して最適なオムニチャネル戦略を策定する。すなわち、オムニチャネルでは、顧客の属性と購買・利用履歴がデータとして蓄積され、このデータに基づいて顧客を細分化し、多様なチャネルを通じて顧客関係を構築・維持することが標準的なマーケティング様式となるのである。

表1-1 顧客経験研究の系譜

消費者購買意思決定モデル (1960s-1970s)	顧客経験、消費者意思決定を「プロセス」として理解
顧客満足とロイヤルティ (1970s)	顧客経験における認知・態度形成を評価
サービス品質 (1980s)	特定の文脈や経験の要素を識別し、カスタマー・ジャーニー・マップを作成
関係性マーケティング (1990s)	顧客経験における顧客反応を関係性の視点に拡張
顧客関係マネジメント(CRM) (2000s)	特定の顧客経験要素がいかに互いに影響を及ぼし、事業成果に繋がるのかをモデルとして理解
顧客中心主義 (2000s-2010s)	顧客経験を成功裏に管理・設計するために学際的・組織論的に新しい観点に着目
顧客エンゲージメント (2010s)	経験における顧客の役割を認識

出典:Lemon, K.N. & Verhoef, P. C.(2016) Understanding Customer Experience throughout the Customer Journey. *Journal of Marketing,* 80(6), p.75.

　こうした顧客関係をめぐるマーケティングが歴史的にどのように発展してきたのかについて、Lemon & Verhoef (2016) は顧客経験研究の系譜として**表1-1**のように整理している。顧客関係のマネジメントの観点からはとくに、1990年代の関係性マーケティングに始まり、2000年代のCRM、2000年代から2010年代の顧客中心主義 (customer centricity)、そして2010年代以降の顧客エンゲージメント (customer engagement) にいたる過程が重要である。なぜなら、この過程で先述の顧客識別とラスト・ワン・マイル問題という領域がマーケティングに組み込まれるようになるからである。

　顧客中心主義のもとで遂行されるマーケティングは、顧客中心マーケティング (customer-centric marketing) と呼ばれる。Sheth et al. (2000) によれば、顧客中心マーケティングは20世紀の製品志向、市場志向に次ぐ、21世紀における第3の志向として位置づけられ、マス・マーケットや市場セグメントのニーズ、欲求、資源ではなく、個々の顧客のニーズや欲求、資源を理解し、それを充足さ

図 1-1　顧客中心主義マーケティングへの発展

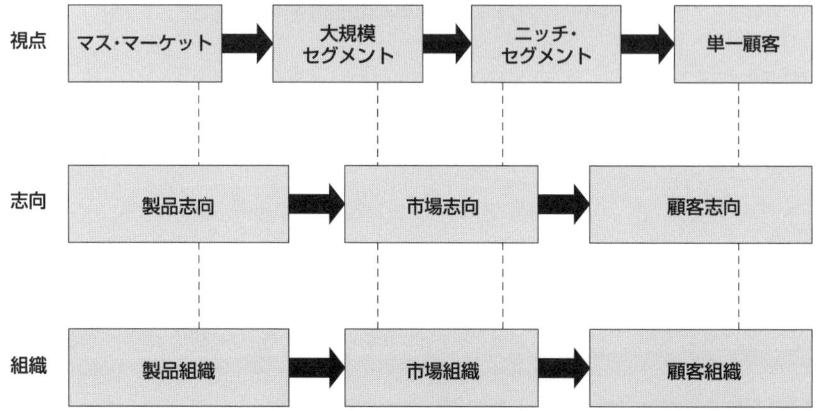

視点	マス・マーケット → 大規模セグメント → ニッチ・セグメント → 単一顧客
志向	製品志向 → 市場志向 → 顧客志向
組織	製品組織 → 市場組織 → 顧客組織

出典：Sheth, J. N., Sisodia,R.S. & Sharma, A.（2000）The Antecedents and Consequences of Customer-centric Marketing. *Journal of the Academy of Marketing Science, 28*（1）, p.56.

せることに焦点を当てる。**図1-1**に示すように、彼らはマーケティングの視点、志向、および組織の観点から、顧客中心マーケティングにいたる発展過程を整理している。マーケティングの視点では、マス・マーケット市場から大規模セグメント、ニッチ・セグメントを経て、単一顧客へと焦点化が進み、また、その志向が製品志向から市場志向、そして顧客志向へと変化し、こうした展開に対応して組織体制が製品組織から市場組織、顧客組織へと変遷してきた。

顧客戦略としてのオムニチャネルとの関連において、この顧客中心主義の重要な点は以下の3つである（Sheth et al. 2000）。

第1に、製品に焦点を当て、需要を安定化するというディマンド・マネジメント（demand management）としての伝統的なマーケティングから、顧客をマーケティング活動の起点におくサプライ・マネジメント（supply management）としてのマーケティングへの転換である。顧客起点のマーケティングとは、顧客の属性ならびに購買・利用データを収集・分析し、それに基づいて顧客を細分化

し,顧客セグメントに対して最適なマーケティングを遂行するものである(村松 2010)。この種のマーケティングは,カスタマー・ジャーニー全体にわたる多様な顧客接点から生み出される顧客データを収集・統合し,顧客の購買・利用行動を分析し,顧客を類型化し,そして特定の顧客セグメントに戦略を遂行するという一連のオムニチャネルの過程そのものである。この点でオムニチャネルは,顧客起点のマーケティングと発想を一にするといえる。

第2に,商品・サービスの設計,生産,販売,および消費の局面で売り手と顧客が相互作用し,価値を創造するという共創マーケティング(co-creation marketing)が実践される点である。

第3に,顧客中心マーケティングの組織的な体制である顧客中心組織(customer-centric organization)が構築され,この組織のもとで販売,マーケティング,顧客サービスといったマーケティング機能だけでなく,物流・ロジスティクス,情報,財務,人事などの経営機能までもが統合されるという点である。第Ⅴ章で詳述するように,ECの出現からクリック&モルタル,クロスチャネル,マルチチャネル,そしてオムニチャネルへと至る歴史において,「統合」は実践的にも学術的にも,最も重要な問題でありつづけてきた(Cao & Li 2015; Payne & Frow 2004)。なぜなら,オムニチャネル組織において種々の経営資源や能力が統合的に調整されなければ,顧客にシームレスな買物体験を提供することができないからである。この意味で,オムニチャネル組織の構築とそこでの機能統合は,効果的・効率的なオムニチャネルを実践するための必要条件なのである。

4 日本型オムニチャネル[i]

これまでは,オムニチャネルの本質とその革新性について述べてきた。そこでの議論は,本書のユニークな視点に基づくとは言え,オムニチャネルの普遍

---

i 本節は,近藤公彦(2018)「日本型オムニチャネルの特質とその理論的課題」『流通研究』21(1), pp.77-89.の一部に加筆・修正したものである.

的な側面に焦点を当てている。それゆえ、このような理解はオムニチャネルに関する少なくとも現時点での国内外共通のものであるといってよい。しかし、別の視点から見ると、オムニチャネルの発展はそれを推進する小売企業の成長プロセスに依存することも確かである。さらに、小売企業の成長プロセスのパターンが国によって異質であれば、オムニチャネルの態様もまた異なるだろう。

端的に言えば、オムニチャネルに関わる一般的な議論は、明示的にも暗黙的にもオムニチャネルが生成・発展してきた米国小売企業を前提としている。そこでここでは、日本の小売業において発展してきたオムニチャネルを日本型オムニチャネルと呼び、米国型と比較しつつ、その特質を説明することにしよう。その特質とは、多業態オムニチャネルおよびロジスティクス・ハブとしての店舗ネットワークである。

1 ▸▸▸ 多業態オムニチャネル

表1-2は、全米小売業売上高ランキング上位10社を示したものである。この表に見られるように、ランキング上位に位置する小売企業は、ほぼ同一の業態に属している。このことが示唆するのは、他の小売企業をM&Aにより傘下に収めるといったドラスティックな規模拡大を除き、スーパーセンター、スーパーマーケット、ディスカウントストア、ドラッグストア、あるいは食品スーパーなど、米国小売企業は基本的に単一業態の多店舗展開を行い、地理的に商圏を拡大し、顧客の絶対数を増やすことによって成長してきたということである (Miller 1981；中野 2007)。米国型オムニチャネルはこの成長プロセスを反映して、単一業態の実店舗とECからなるオムニチャネルとして構築されている。食品スーパーとネットスーパーがその例である。オムニチャネルの前段階であるクリック&モルタルに象徴されるように、店舗小売業がECを加える際にも、両者は基本的に同じ品揃え、商品カテゴリーを扱う同一業態の枠内にある (Avery et al. 2012；Fernández-Sabiote & Román 2012)。

一方、表1-3に示すように、日本を代表する小売企業であるイオンやセブン&アイは、その歴史的な成長プロセスにおいて、多店舗展開による商圏の

表1-2 全米小売業売上高ランキング（2017）

順位	企業名	業態	全米売上高 （単位：千ドル）
1	ウォルマート・ストアーズ	スーパーセンター/ディスカウントストア	362815000
2	クローガー	スーパーマーケット	110215000
3	コストコ	ホールセール・クラブ	85778000
4	ホームデポ	ホームセンター	85086000
5	CVSケアマーク	コンビニエンスストア	81482000
6	ウォルグリーン・ブーツ・アライアンス	ドラッグストア	79283000
7	アマゾン・ドット・コム	EC	77024000
8	ターゲット	ディスカウントストア	69495000
9	ロウズ	ホームセンター	60409000
10	アルバートソンズ	食品スーパー	58696000

出典：National Retail Foundation, Top 100 Retailers（https://stores.org/stores-top-retailers-2017）．

表1-3 日本の小売業売上高ランキング（2018年1月22日現在）

順位	企業名	業態	売上高 （単位：百万円）
1	イオン	流通コングロマリット	8210145
2	セブン＆アイ・ホールディングス	流通コングロマリット	5835689
3	ファーストリテイリング	衣料品専門店	1786473
4	ヤマダ電機	家電量販店	1563056
5	三越伊勢丹ホールディングス	百貨店	1253457
6	Jフロントリテイリング	百貨店	1108512
7	高島屋	百貨店	923601
8	エイチ・ツー・オーリテイリング	百貨店	901221
9	ユニー・ファミリーマートホールディングス	流通コングロマリット	843815
10	ビッグカメラ	家電量販店	779081

出典：『日本経済新聞』電子版（https://www.nikkei.com/markets/ranking/page/?bd=uriage&ba=0&Gcode=45&hm=1）．

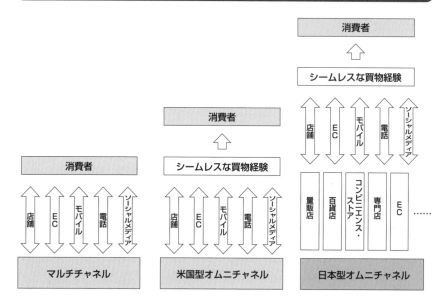

図1-2　マルチチャネル、米国型オムニチャネル、日本型オムニチャネルの比較

出典：Kondo, K. (2015) Opportunities and Challenges of Omnichannel Strategy in Japanese Retailing. *2015 International Conference of Asian Marketing Associations*での発表資料(邦訳の上，一部修正).

　地理的拡大に加えて、業態を多様化することにより、企業あるいは企業グループ・レベルでの成長を追求してきた（近藤 1995）。その結果として流通コングロマリットともいうべき多様な業態を有する小売企業となったイオンやセブン＆アイがそのグループ・レベルで有する業態は、量販店、百貨店、食品スーパー、コンビニエンスストア、各種専門店、ディスカウントストア、ホームセンター、EC等、きわめて多様である。日本型オムニチャネルの特質の第1は、こうした業態それぞれが販売・コミュニケーション・チャネルの起点となる多業態オムニチャネルであることである（図1-2参照）。

　多業態化によって企業の成長が可能であるのは、複数の業態を通じてより多くの顧客ニーズと顧客セグメントを取り込むことができるからである（近藤 1995）。例えば、百貨店は比較的富裕層に向けて高額な商品・サービスを提供す

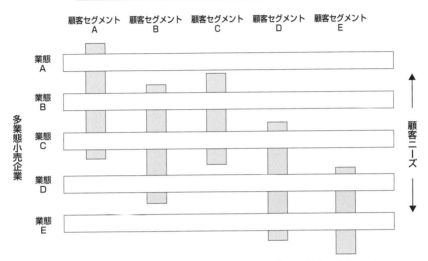

出典:近藤公彦(2018)「日本型オムニチャネルの特質と理論的課題」『流通研究』21(1), p.83.

る業態であるし、ECは豊富な品揃えや時間の便宜性を求める消費者を対象としている。それゆえ、小売企業が業態を増やせば増やすほど、訴求しうる顧客セグメントの数は多くなり、その結果として企業レベルでの成長可能性は高くなる(図1-3参照)。

多業態オムニチャネルによる企業成長を消費者のミクロ次元から検討してみよう。オムニチャネル研究、それに先立つマルチチャネル研究では、一定期間において特定の企業の複数のチャネルを利用する消費者をマルチチャネル・ショッパー(multichannel shopper:Kumar & Venkatesan 2005;Konuş et al. 2008)、オムニチャネル・ショッパー(omnichannel shopper:Parker & Hand 2009)、あるいはオムニショッパー(omnishopper:Lazaris & Vrechopoulos 2014)と呼ぶ。本書では、オムニチャネル・カスタマー(omnichannel customer)と総称することとする。第Ⅲ章で詳しく触れるように、オムニチャネル・カスタマーは、マルチチャネル・ショッパーの発展型であり、複数のチャネルを平行して利用するのではなく、す

べてのチャネルを同時に利用する消費者を指す（Lazaris &Vrechopoulos 2014； Parker & Hand 2009）。

　オムニチャネル・カスタマーの行動特性については、これまで比較的多くの実証研究がなされてきており、シングルチャネル・ショッパーよりも支出額が多く、小売企業により高い価値をもたらす顧客セグメントであることが確認されている（Kumar & Venkatesan 2005；Kushwaha & Shankar 2013）。こうしたオムニチャネル・カスタマーをターゲットとして小売業が多様な業態チャネルを配置すれば、個々の消費者を企業グループ・レベルで囲い込み、顧客シェア（share of customer）を高めることができるだろう。

2 ▸▸▸ ロジスティクス・ハブとしての店舗ネットワーク

　注文された商品をいかに消費者に届けるかは、ラスト・ワン・マイル（last mile fulfilment）としてオムニチャネルにおいてきわめて重要な問題として取り扱われてきた（Chatterjee 2010；Hübner et al. 2016a）。

　この問題に関して、米国型オムニチャネルが物流センター（distribution center）から消費者への配送を基本としているのに対し、日本型モデルではこれに加えて、グループ内の実店舗が商品の配送・受け取り拠点である「ハブ」（Piotrowicz & Cuthbertson 2014）として機能する。とくに緻密かつ膨大な数の実店舗ネットワークを構成するコンビニエンスストアのハブ機能は、日本型オムニチャネルを特徴づける重要な要素である。

　もちろん、実店舗を配送・受け取り拠点として活用することは、日本型オムニチャネルに特有ではない。クリック＆コレクト（click and collect）や移動型クリック＆コレクト・ショップ（mobile click and collect shop）では、消費者はECで注文した商品を実店舗で受け取ったり、返品や交換を行ったりすることができる（Beck & Rygl 2015；Piotrowicz & Cuthbertson 2014）。しかしながら、日本の大規模小売企業グループの場合、グループのコンビニエンスストアや他の実店舗からなる巨大な店舗ネットワークを分散型流通センター（decentralized distribution center：Hübner et al. 2016a）として機能させることができる。このことは、日本型

オムニチャネルに次のようなメリットをもたらす。

　第1に、企業レベルあるいは企業グループ・レベルで実店舗の商圏を重ねれば、カバーしうる地理的範囲は大きく広がり、受注から配送までのリードタイムを大幅に短縮することができる。第2に、膨大な数の実店舗を商品の配送・受け取り拠点とすることで、消費者の希望する時間により柔軟に対応することができる。第3に、ネットスーパーに典型的に示されるように、ECからの注文に実店舗の商品在庫で対応することができ、商品・在庫の回転率が高まる。第4に、こうしたメリットの結果として、小売企業の配送コストと消費者の買物コストが削減される。このように日本型オムニチャネルは、商品の配送・受け取りに関するラスト・ワン・マイル問題に特有の解決方法を提供する。

　多業態オムニチャネルとロジスティクス・ハブとしての店舗ネットワークから特徴づけられる日本型オムニチャネルの便益を消費者視点から整理してみよう。多業態オムニチャネルがEC上のプラットフォームで提供する品揃えは、百貨店、量販店、各種専門店、EC等、それぞれの業態が取り扱う商品を総合したものであり、きわめて広範にわたり、かつ深い。消費者はそうした膨大な品揃えから、自身の求める最適な商品を探索、選択、注文することができる。そして、注文された商品は、宅配による自宅受け取りだけでなく、自宅や勤務先に近い、あるいは通勤や帰宅途上など、グループの膨大な数の店舗ネットワークから自身に最も都合の良い実店舗で受け取ることができる。こうして日本型オムニチャネルは、カスタマー・ジャーニーにおける消費者コストを大幅に削減し、それによって顧客満足を向上させるのである。

5　おわりに

　この章では、本書で検討されるオムニチャネルについて共通の理解を促し、その多様な側面を相互に関連づける座標軸を提供するために、その定義、革新性、顧客戦略視点、ならびに日本型オムニチャネルの観点から整理を行った。そこでの要点は、オムニチャネルは単なる新たなマーケティング手法ではな

く、顧客戦略として捉えるべきこと、それは伝統的なマーケティング体系を超えるイノベーションであること、そして日本型オムニチャネルとも言うべき日本の流通コングロマリット特有のタイプが存在すること、である。

　こうした共通理解を踏まえた上で、第Ⅱ章以降でオムニチャネルのさまざまな側面について議論を進めていくことにしよう。

第Ⅱ章 市場環境の変化とオムニチャネルの発展

　本章では、どのような市場環境の変化がオムニチャネルを生み出したのかを概観し、そうした環境変化のもとでオムニチャネルがどのように発展してきたのかを明らかにする。ここでの問題意識は、マーケティングという市場行為が消費者行動をはじめとする市場環境を変容させてきたという因果関係とは逆に、競争環境、技術環境の変化がオムニチャネルを創出したという視点の転換にある。

1 オムニチャネルをめぐる環境変化

❶▶▶▶市場の変化

　2016年の日本の小売業市場は商業統計（速報集計）によると、約112兆円である。一般的に商業統計の小売業市場規模の数字は、想定よりも多く集計されている。これは、自動車の販売、ガソリンの販売、外食等が含まれているからである。本節では、小売業市場から自動車販売、ガソリン販売、外食等の数値を除外した数値を用いている。よって、シンクタンクや経営コンサルティング会社等が発行している多くの小売業市場に関する分析レポート等での数値と異なることをご承知頂きたい。

　さて、この約112兆円という日本の小売業市場の商業統計上の数字をどのように判断するかが重要である。一般的に先進国の場合、小売業の市場はGDPの約20％であると言われている。日本の2016年のGDP（名目）は504兆円で、小売業市場の約112兆円は、全体の約22％になる。理論上でいえば、小売業市場規模は、他の先進国同様、妥当な数値といえよう。ちなみに、米国の2016年

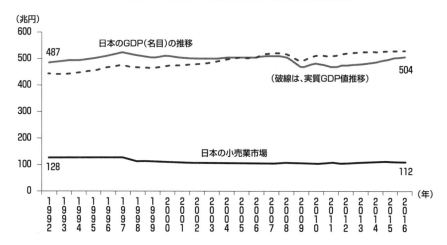

図2-1 日本の小売業市場とGDPの25年間の推移

出典:商業統計(経済産業省商業統計「平成6(1994)年」,「平成9(1997)年」,「平成11(1999)年(簡易調査)」,「平成14(2002)年」,「平成16(2004)年(簡易調査)」,「平成19(2007)年」,「平成24(2012)年 平成24年経済センサス-活動調査結果(卸売業,小売業)」,「平成26(2014)年」,「平成28(2016)年 平成28年経済センサス-活動調査結果(卸売業,小売業)」のデータを基に筆者作成.

の小売業市場は約357兆円（$1＝100円換算）、GDPは1856兆円である。よって、米国の小売業市場規模は、GDPの約19%であり、上記の約20%の理論に当てはまる。

ここで上記数値を踏まえ、日本の小売業市場の数値は、果たして妥当であると言えるのであろうか。それを合理的に判断するために、以下では図2-1を参照しつつ、時系列の視点で考察を加えたい。

1992年度の日本の小売業市場は約128兆円であり、直近の2016年度においては112兆円になっている。この25年間の市場規模の推移を見てみると、12%の減少傾向にある。同様に、GDP（名目）の25年間の推移を見てみても、1992年度は487兆円であり、直近の2016年度は504兆円である。GDPに関しては、この25年間の時系列推移で見た場合3%増だが、ほぼ横ばいの状態と言えよう。上記数値から読み取れることは、日本のGDPはほぼ横這いなのにも関わら

図2-2 米国の小売業市場とGDPの25年間の推移

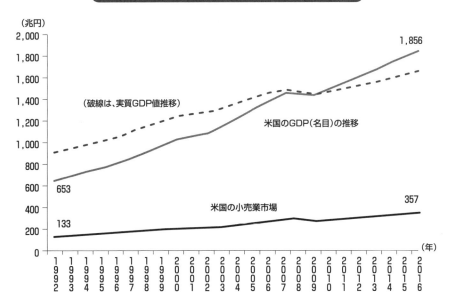

出　典：United States Census of Bureau, *The Economic Census*（1982, 1987, 1992, 1997, 2002, 2007, 2012, 2017）のデータを基に，筆者作成（便宜上，＄1＝100円で換算）．

ず、小売市場が減少傾向に陥っているのには、何らかの背景、原因が存在するように思われる。ひとつは、デフレ経済に伴う商品のコモディティ化による低価格化傾向が当てはまるであろう。もうひとつは、商業統計上、無店舗販売（含む、EC）業態の伸長に伴い、ECの低価格特性により小売市場が減少傾向に陥っていることが推察される。

一方、米国の小売業市場の時系列推移はどのような状況なのであろうか。

米国の小売業市場は、1992年度の133兆円から2016年度の357兆円へと約2.7倍の伸びを示している。同様に、GDPは、1992年度の653兆円から2016年度の1856兆円へと2.8倍の伸びを示している（図2-2参照）。米国のGDPの伸長要因としては、GAFA（Google, Apple, Facebook, Amazon）を筆頭にしたIT産業、および金融サービス業の押し上げが推察される。

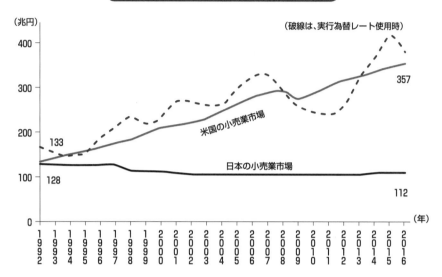

図2-3　日米の小売業市場の25年推移比較

出典：経済産業省商業統計「平成6(1994)年」,「平成9(1997)年」,「平成11(1999)年(簡易調査)」,「平成14(2002)年」,「平成16(2004)年(簡易調査)」,「平成19(2007)年」,「平成24(2012)年 平成24年経済センサス－活動調査結果(卸売業, 小売業)」,「平成26(2014)年」,「平成28(2016)年 平成28年経済センサス－活動調査結果(卸売業, 小売業)」, United States Census of Bureau, *The Economic Census* (1982, 1987, 1992, 1997, 2002, 2007, 2012, 2017)のデータを基に筆者作成(便宜上, $1＝100円で換算).

図2-3は、日米の小売業市場の25年間時系列推移を表した図である。1992年度時点においては日本は128兆円、米国は133兆円であり、さほど差はなかった。しかし、2016年度においては日本は112兆円、米国は357兆円と約3.2倍以上に差が開いている。その要因は何かを以下で考察する。

ひとつの要因は、人口推移である。多くのエコノミスト等は、日米の人口の増減の差を乖離理由に挙げることが多い。確かに、人口が増加した場合、人口増に対し、1人当たり年間購買額を乗じた分だけ市場規模は増大すると推察される。

日本の人口は、2010年度をピークに人口減に転じている。その理由は、少子高齢化社会の到来である。米国は1992年度の2億5600万人に対し、2016年度に

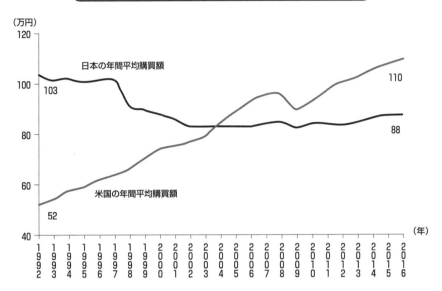

図2-4 日米の1人当たりの年間購買額の25年推移比較

出典：経済産業省商業統計「平成6（1994）年」，「平成9（1997）年」，「平成11（1999）年（簡易調査）」，「平成14（2002）年」，「平成16（2004）年（簡易調査）」，「平成19（2007）年」，「平成24（2012）年 平成24年経済センサス－活動調査結果（卸売業，小売業）」，「平成26（2014）年」，「平成28（2016）年 平成28年経済センサス－活動調査結果（卸売業，小売業）」，United States Census of Bureau, *The Economic Census* (1982, 1987, 1992, 1997, 2002, 2007, 2012, 2017)のデータを基に筆者作成（便宜上，$1＝100円で換算）．

は3億2400万人であり、6800万人増加している。米国の場合の人口増は、恐らく、移民政策の関係であることが推察される。よって、日米の小売業市場の乖離理由は人口増だけでは片づけられないのである。では、他にどのような乖離要因が考えられるのか。

そのひとつの仮説として、図2-4をご覧頂きたい。本図は、1992年度から2016年度までの25年間における日米の1人当たり年間購買額を比較した図である。ちなみに、1人当たり年間購買額は、年度毎の小売業市場規模を年度人口数で除した数値である。

1992年度は米国は52万円、日本は103万円に対して、2016年度は米国は110万円、日本は88万円であった。注目すべき点は、米国では1人当たり年間平均購

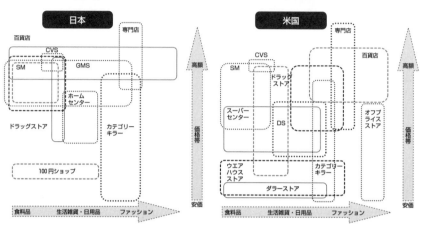

図2-5 日米の小売業業態のセグメントターゲットMAP

出典：RTI（許諾済）データを基に筆者が加工修正．

買額が増加し、日本では減ったことである。なぜこのような現象が起こっているのか。

その答えのひとつは、デフレ経済に伴う商品のコモディティ化による低価格化傾向である。もうひとつは、商業統計上、無店舗販売（含む、EC）業態の伸長に伴い既存小売業態（Ex.百貨店、総合スーパー等）の市場規模が相対的に減少傾向を辿っているからである。その裏付けが、図2-5からも読み取ることができる。

特に、小売業市場における「食料品」でどのようなことが起こっているかを探ることは、日米の小売市場の成長の差を考える際に、ひとつのヒントを与えてくれるかもしれない。日本では1990年以降、デフレ経済下において商品のコモディティ化による低価格化傾向が急速に進んだ。このデフレ経済下において勝ち組になった小売業態は、「ディスカウントストア」と「ドラッグストア」であった。両者は、コモディティ商品（グロッサリー）を中心に大量仕入れ、大量販売のチェーンオペレーション方式により、低価格競争を仕掛けたのである。結果、他の小売業態である「総合スーパー」や「食品SM」は、かなりの

打撃を被り、売上高、収益共に悪化を辿ったのである。さらに、上記ディスカウントストアやドラッグストアは、今や「生鮮食品」にまで品揃えを拡張しつつある。よって、図2-5のように、総合スーパー、食品SMの牙城であった「生鮮食品」や「惣菜」、「日配」分野にまで、ディスカウントストア、ドラッグストア、コンビニエンスストア、最近では、EC小売業までもが市場参入してきている。まさに小売戦国時代である。

　一方、米国では、各小売業態がそれぞれの専門分野をうまく棲み分けており、食料品の分野においても、各小売業態がそこに一斉に集結し、低価格競争を行っているような形跡は見受けられないのである。

　図2-5について、もう少し詳しく見ることとする。まず横軸（X）は、左側から食料品、生活雑貨・日用品、ファッションで構成され、縦軸（Y）は、価格帯を指しており、下から上に向かって価格が高くなっている。つまり、商品特性と価格の2軸で、各小売業態のターゲットセグメント（客層）をマッピング化している。

　日本の場合を見ると、さまざまな小売業態が重複しているように見える。日本の小売業は、食料品の領域に、百貨店、総合スーパー、食品SM、コンビニエンスストア、ドラッグストア、ディスカウンター等が一気に集結している状態なのである。結果、消費者への小売業本来の付加価値提案ではなく、低価格競争のみが行われている。

　一方、米国は日本同様、小売業態同士が多少重なりあっているところもあるが、上手くターゲットセグメント化されている。例えば、百貨店においては、基本的に食品は取り扱っていない。

　実は、このターゲットセグメント化が上手くなされていることにより、米国小売業では、同じセグメント領域（同業態）においてさまざまな形での価値提案が行われ、適切な企業間競争が行われているのが実情である。

　よって、日米の小売業市場の成長乖離については、小売業側のSTP戦略そのものによる違いから生じており、1990年代から2000年代前半までのデフレ経済下において低経済成長期の中、漸進的に経済成長を遂げてきた日本において

は、うまい具合に生産と消費の需給バランスが保たれていたため、このセグメント・トリックに気がつかなかったことも、さらなる成長乖離要因のひとつであると推察される。

2 ▶▶▶ なぜオムニチャネル概念が生まれたのか

オムニチャネル戦略の概念の確立には、大きく分けて2つの流れがある。ひとつは、米国小売業の小売業態、小売フォーマットの伸長率の変化である。特に、消費者の購買活動が「モノからコトへの変化」、「買い物回数の減少」により、既存業態である百貨店の客数減少に伴う売上高減少につながっている。もうひとつは、2007年に米国でアップル社によって発売が開始されたスマホ「iPhone」を皮切りに、スマホそのものがオムニチャネルにおけるハブ(＝顧客接点)になっているものと思われる。

◆ ①百貨店「メイシーズ(Macy's)」のオムニチャネル戦略

先に述べたように、米国小売業は、各小売業態、小売フォーマットがおのおののターゲットセグメントを定義することにより、競合しないような棲み分けがなされている。米国の百貨店業態は、百貨店のブランドごとに客層が定義されているので、客層の購買力に合わせた商品の品揃えと、店頭での接客販売を続けてきた。一般的な大衆百貨店であるメイシーズにおいては、ショッピングモールの核テナントとして出店をしてきた歴史がある。モータリゼーションが発展した米国では、ワンストップ・ショッピングとしてショッピングモールが確立し、多くのショッピングモールは2〜4つの百貨店を核テナントとして、その店舗間を専門店が出店するという構図が確立された。1980年から1990年代には、広大な駐車場を設け、土曜日・日曜日の週末には多くの買い物客で賑う光景が見られた。一方で、ディスカウントストアであるウォルマートの躍進が徐々に低所得者層の市場を席巻し始めて、米国小売業の内部形成に影響を与え始めつつあった。

2001年9月11日の米国を襲った同時多発テロにより、米国小売業界は大きな

打撃を受けた。強盗などの一般的な身近な犯罪から、テロという新たな脅威により、消費者にとって外出そのものが脅威となってショッピングモール等への買い物に出かける回数が減ることとなった。その一方で、通販、特にインターネットの普及に伴うECサイト利用が俄かに脚光を浴びつつあった。米国アマゾンが当初、本のネット販売からスタートし、その後、本以外の商品にまで品揃えを増やしてきたことにより、ECサイトを購買チャネルとして考える生活者が増えてきた。しかし、当時まだECサイトは実店舗の営業の補完的な役割としか考えられていなかった。

ところで、米国の百貨店は日本と違い、基本的に品揃えはソフトライン（Ex.衣料品や服飾雑貨など）が中心で、ハードライン（Ex.家電や日用雑貨など）や食料品は取り扱っておらず、ワンストップ・ショッピングには向いていない。また、ソフトラインの商品は日本の消化仕入れの仕組みと違って、返品ができない買取り商品ばかりであり、いわゆるリスク・マーチャンダイジングを行っている。したがって、販売戦略は顧客を囲い込むための接客を重要視し、本部主導のMD戦略でありながら、実際は店舗主導の販売戦略となっている。典型的な例としては、婦人靴の購入のため顧客が店舗を訪れ、試し履きをしたところ、訪問した店舗には欲しい婦人靴のサイズが無かった。他店舗には在庫があるかもしれないが、そのことを確認することすらせず、在庫なしとして販売機会のロスを生んでいたのである。このようなことから、顧客満足度は低下して、ますます顧客の来店機会を失わせる結果となっていった。

メイシーズも90年代以降、米国百貨店業界の業績不振の流れを受けて、多くの地方百貨店や老舗百貨店を統廃合し、巨大化していったのである。また、統廃合した店舗の名称を「Macy's」に一本化し、さらにチェーンオペレーションを徹底することで効率を改善する試みを行った。

しかし、2008年9月のリーマンショックは米国小売業のみならず、米国経済、世界経済に大きく影響を与えた。生活者産業である小売業はリーマンショックのあおりを受け、チェーンオペレーション改革途上に、いきなり横やりを入れられたのである。

当時、メイシーズは顧客接点を再考して、戦略を立て直していた。特に、2007年にiPhoneを筆頭としたスマホの出現が顧客接点の変革をもたらすとして、新しい形の顧客接点を強化する方針を模索していた。メイシーズはその模索過程においてリーマンショックが起こったことにより、その戦略の早期の実現と展開を急ぐことになったのである。

メイシーズの販売戦略の見直しのポイントは、大きく分けて、以下の2つの課題に起因する。

◆ ②実店舗と実店舗の壁

米国百貨店は、全社としてはチェーンオペレーション方式を採用しながらも、実質、店舗毎の個店単位でのオペレーションを実施しており、自店のオペレーションが基本的に最優先される。前述の婦人靴の場合、自店に在庫がない場合は、他店の在庫の確認や、他店からの取り寄せ・配送といった顧客起点での接客は行われることはなく、そのサイズ、カラーの在庫がない場合には、取引先からの取り寄せで接客対応を終了させていた。もっとも、取り寄せ注文はあくまでも顧客の要望に基づくものであり、取り寄せ後に、顧客が来店して購入する保証もなく、接客としては、あまり積極的な対応をしていなかった。逆に、サイズがない場合は、他のSKU（Stock Keeping Unit：最小管理単位、在庫管理単位を示すことが多い）を提案し、カラーが無い場合は、在庫がある他の商品の購入を提案するなど、接客はかなり上から目線で行われていた。さらに、接客そのものが販売員自身の販売成績に影響を与えるため、店全体としての顧客サービスよりも自身の成績を中心とした販売手法が台頭しており、結果として顧客離れを助長していった。それでも、百貨店としてのターゲット顧客への品揃えが小売業として優位な位置を保っていたので、売上高はそれなりに維持できていた。

スマホの普及により、生活者を取り巻く環境が大きく変わる中で、メイシーズは百貨店の誇りとプライドがあったため、現在のような顧客起点をベースとした販売手法への脱皮が他の百貨店に比べ、大きく出遅れていた。

メイシーズは、店舗間での顧客の可視化の一元化と統合化、商品在庫の適正化を図ってこなかった結果、在庫過剰に陥り、経営不振の大きな要因になった。

◆ ③ECと実店舗の壁

　米国のEC業界は、日本と大きく異なる。現在では、アマゾンが約10兆円の物販の売上実績に至っているが、EC業界の売上高第2位は、アップルである。アップルは、音楽等のダウンロードに加え、iPhoneなどの販売で躍進してきた。多くの小売業は実店舗に加え、ECも手掛けてきた。しかしながら、ECそのものが小売業の各企業で大きな立ち位置にならなかったのは、実店舗主義に加え、ECは単なる1店舗としての販売チャネルの位置づけにしか考えられてこなかったからである。もっとも、多くの百貨店は元来、カタログ販売を手掛けており、カタログ受注方式が従来の電話からECへ変遷したという理解が大半を占め、EC時代の到来でも変わらず、実店舗販売に力を入れ、ECと実店舗の業績や販売戦略の乖離は当初より存在していた。

　メイシーズも早くからECとしての販売を販路に加え、「Macy's com」として運営してきた。実店舗の部隊は商品部と営業部（店舗）の組織に分かれてはいるものの、EC部隊は独自に商品調達をして販売、配送を手掛けており、実店舗側とは全く別の会社のような運営を行っていた（図2-6参照）。

　1990年代後半、インターネットの普及に伴い、ECを展開する小売業がにわかに出てきたころ、パソコン販売の「コンプUSA」はいち早く、「コンプUSA.com」を立ち上げたが、事業部としての位置づけでなく、あくまでも別会社として運営していた。筆者の経験では、ECで購入したパソコンの調子が悪いので実店舗に持ち込んだところ、「ECで購入した商品は実店舗では対応できません」と拒絶された。当然、修理に出すのもすべてEC側のヘルプデスクへの問い合わせとなり、相当なフラストレーションを感じたことを記憶している。もっとも、コンプUSAはその屋号は同じでありながら、商品の調達や販売価格も異なり、ましてや顧客情報は別々に管理していたので、いわば全く関係ない他社の顧客が実店舗に訪れた位置づけでしかなかった。コンプUSA

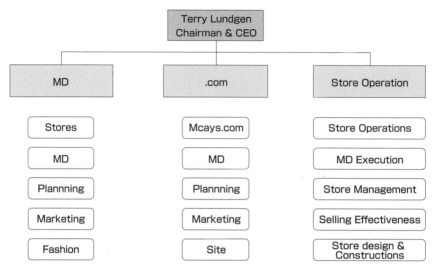

出典：メイシーズの COO との面談ヒアリングを基に筆者作成.

に限らず、多くの米国小売業は、実店舗とカタログ、EC は、別々の運営をしていたのが当たり前の時代であった。

　しかし、2007年の iPhone の出現でメイシーズにも大きな流れの変化が起こった。いわゆるショールーミングという言葉に代表されるように、スマホの画面に検索した商品の写真を示しながら店頭に現れ、店員に「この商品はあるか？」と来店するようになったのである。当然、店員は該当商品を探すも、無かったり、探せなかったりと、顧客の要求に応えることは難しい場面が多くあった。と同時に、価格が EC と実店舗では違うこともあり、顧客の不振を招くことになった。さらに、EC を頻繁に訪れる顧客が、実際には実店舗で購入した時には、売上成績をクレジットする部門間の争いに発展したのである。実店舗と実店舗、実店舗と EC の三角関係間の争いが激しくなり、販売側中心の施策にばかり力を入れ、いわゆる顧客不在の状態となり、顧客がメイシーズから離れていくことになったのである。

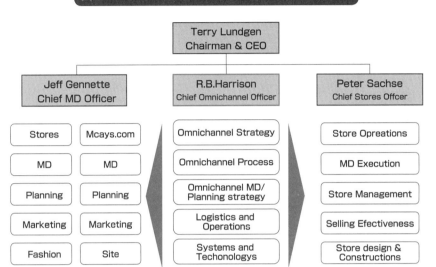

出典：メイシーズのCOOとの面談ヒアリングを基に筆者作成.

　その後、2009年、リーマンショックの影響から業績が大きく落ちこんだのを機に、メイシーズは新しい戦略の立案に入った。ECの普及、スマホという新しいデバイスの出現、実店舗間、あるいは実店舗・EC間のしがらみ等を考慮すると、真の顧客起点とした戦略を打ち出すしかなかったのである。そこで、メイシーズは、新しく組織横断の顧客チャネルを網羅する「横串し」の組織を作った。これが後に「オムニチャネル戦略本部」となり、COO（チーフ・オムニチャネル・オフィサー）R.B. Harrison氏を責任者として、彼らのオムニチャネル戦略の策定を開始したのである（図2-7参照）。

　COOであるR.B. Harrison氏は、最初にオムニチャネル・カスタマーとしての顧客の行動を分析した。いわゆるECと実店舗の関係を顧客起点でひも解くためである。

　その結果分かったことは、以下の点である（図2-8参照）。

図2-8　メイシーズの売り上げとOC（オムニチャネル）比較理解概念図

出典：メイシーズのオムニチャネル戦略の講演資料(2014年4月24日).

- ECで商品を事前にチェックする顧客の購買確率が高いこと
- 1度、ECで購入した顧客は実店舗での購入も増えていること
- ECと実店舗を上手く活用している顧客は、他の顧客よりも購入額が高いこと

また、顧客のアンケート調査から、自宅や勤め先に近い実店舗よりも出先での実店舗に行くケースが多く、店舗の在庫情報や、希望した店舗で商品の受け取りを希望している顧客も多かったそうである。そこでメイシーズは「オムニチャネル戦略」のテーマとして、以下の2点を掲げた。

- 実店舗/ECの垣根を取り払い、シームレスな顧客体験の提供
- 従業員の意識改革

①まず手始めに、メイシーズは以下の実現を目指した。実店舗内、EC用倉庫を含めて、リアルタイムに在庫／商品情報の開示を目指し、実店舗間、EC間でシームレスに顧客に買物のチャンスを与える。具体的には、在庫の可視化と実店舗間での在庫データと在庫の共有化、ECで注文した商品の実店舗での受け取りの推進が挙げられた。
②従業員の組織間の争いの元となる、販売クレジットの仕組みをルール化し、顧客の接点や商品の接点間（実店舗間／実店舗・EC間）の移動に伴って、メイシーズの全従業員が一丸となるように規則を変え、そのモチベーションを高めるための教育を実施することとした。

　ここでは、メイシーズの婦人靴の売り場を例に説明する。婦人靴売り場では、従業員が全員片手にハンドヘルド端末を持ち、お客様が試着をしたいと申し出た段階で、靴の底に張っているバーコードを端末でスキャンする。すると、端末の画面上には、商品の詳細と在庫の情報が表示される。その情報には、カラーとサイズの組み合わせの実店舗の在庫状況がリアルタイムで分かるようになっている。必要なサイズがあると、その端末からバックヤードの担当者に品出し指示をする。その指示に基づいて、バックヤード担当者が当該商品（要求されたカラー、サイズ）を売り場に出すのである。もし、カラーもしくはサイズの組み合わせが無ければ、他店の在庫状況もその場で確認できる。他の柄やカラーでサイズのある商品を試し履きして、他店にお客様の足に合うサイズの商品の在庫があれば、その実店舗の売り場担当者に直接ピッキングと出荷の指示ができる。場合によっては、その実店舗にお客様が来店してピックアップしてもらうなど、顧客の商品の受け取りの自由度を高める工夫もしている。当然、EC用の在庫の状況もリアルタイムで確認でき、必要に応じて、直接顧客の希望する場所への配送指示ができる。
　さらにメイシーズが拘ったのは、従業員が使用している端末のアプリケーションと同等の機能を、顧客の持つスマホのアプリとして提供していることであ

る。そのアプリを使用することで、顧客は来店することなく、予め実店舗の在庫の有無を確認することができ、その場で予め取り置きとして注文もできる。他店の在庫状況も確認できるので、実店舗に在庫のある店に直接行くことも可能になっている。

　一方で、従業員のモチベーションを維持し、接客力を高めるために、販売クレジットの積算ルールをダイナミックに変更することにした。実店舗に来店して自店に在庫がなく、他店の在庫で販売が成立した場合は、自店の販売員のクレジットが70％、在庫のあった店舗の担当者のクレジットが30％。また、ECサイトで注文した顧客が実店舗でピックアップした場合、EC担当者の売上クレジットが80％、ピックアップの担当者のクレジットは20％。店舗のお客様が一旦実店頭に来店して、しかし結局実店舗ではなくECで購入した場合は、実店舗の担当者の売上クレジットは70％、EC担当者のクレジットは30％。このようなルールはさまざまなパターンが確立され、さらに固定化することなく、定期的に顧客の動向に合わせて変更することにしたのだ。いずれにしても、「メイシーズというひとつの会社として」というテーマを従業員に徹底して教育することで、オムニチャネル戦略が顧客とメイシーズをシームレスに結びつける戦略になることを徹底したのである。

　そして、メイシーズは、それらの施策を体系化した内容を「オムニチャネル」として、2011年に発表したのである。それが、メイシーズが行ったオムニチャネル宣言である。

2 スマホの出現によるオムニチャネル戦略

　全米小売業協会（NRF：National Retail Federation）では、2007年のアップルのiPhoneの発売を機に、スマホが次世代の生活者の生活・購買スタイルを変える大きなデバイスとなると考えてきた。2010年4月、NRFの分科会として、「NRF Mobile Retail INITIATIVE」を立ち上げ、モバイル・デバイスの大衆化に沿った小売業の将来の姿を描くことにした。特に、研究会では、モバイル

端末でECサイトにアクセスする場合の顧客へのサービスメニューの在り方、あるいは商品注文の方法や決済の手段、既存実店舗システムや、MDシステムとの連携のインターフェースの標準化などを定義することにした。研究会には、ITベンダーの他に小売業から各社が参画して、各社の取り組みや方針や方向性を議論しながら、モバイル時代の小売業の姿の協議が進められた。

　その中で顧客接点の多様化、特にモバイルデバイスによるチャネル間のシームレスな顧客体験が、今まで以上に高まり、生活者の購買体験が大きく変わる前提として、メイシーズが宣言した「オムニチャネル」をベースとして、モバイル時代の「接点のシームレス化」を提唱した。研究会は、クロスチャネルとオムニチャネルの違いを明確にするとともに、その概念図を「Mobile Retailing Blueprint」としてとりまとめた。

　ところで、研究会のテーマはあくまでも、モバイル・デバイスを中心とした戦略であり、メイシーズが展開し始めたオムニチャネル戦略よりは、モバイルというデバイス起点という色が濃かった。研究会では、顧客がモバイル端末をいかに買物に活用できるか、あるいは、それを用いてサービスを受けられるかに着目して、その基本的な機能の標準化を目指したのである。それらの概念は「Mobile Retailing Blueprint V2.0.0」に纏められ、2011年1月4日に正式に発表された。多くのメディアでは、NRFが提唱したと報じられているが、実際は、NRFがその概念を広めたというのが正しい解釈である。

　オムニチャネルという言葉が流通業界で使用され始めたのは、実はメイシーズが最初ではない。米国IBMが1990年代から、21世紀の顧客戦略の流れは「オムニチャネル」になると提唱していた。メイシーズはその言葉を借りて、同時多発テロ、リーマンショック、さらにはアップルのiPhoneの発売、アマゾンのにわかな台頭、百貨店モデルの衰退等、さまざまな要因が起因となって、顧客接点のシームレスな対応を考えるうえで始まった戦略として、オムニチャネル戦略を提唱したのである。

　このオムニチャネル戦略は、インターネットに続く流通業界の革命的なアプローチであり、小売企業としての生き残りをかけた戦略となったのである。

3 オムニチャネルへの展開[i]

1 ▶▶▶ 電子商取引（EC）からクリック＆モルタルへ

　今日のオムニチャネルにいたる小売業と消費者との取引様式の歴史的展開は、ICT の発展を背景として1990年代に出現した電子商取引（e-commerce、以下 EC）に始まる（Ngai & Wat 2002；Webb & Hogan 2002）。インターネット上で電子的に取引が行われる電子商取引の仕組みのもと、低価格や品揃えの豊富さを武器としてネット小売業（Internet retailing）が発展していった（Doherty & Ellis-Chadwick 2010）。今日、世界最大の EC 小売業に成長したアマゾンは、その代表例である。

　電子商取引は、店舗販売に比べて次のような利点がある（Bakos 1997；Ward 2001）。まず小売業にとっては、商圏という空間的制約がなくなり、出店を行うことなくターゲット市場を拡大するとともに、店舗空間の物理的制約から解放されるため、品揃えを飛躍的に増加させることができる。また消費者にとっても、実店舗に出向かずに商品の探索・選択・受け取りができるため、時間的・金銭的な買物コストは大きく削減される。そして、こうした利点から双方の取引コストが軽減される結果、商品・サービスをより低価格で提供し、多くの消費者を誘引することができる。

　一方、EC では実際に商品を見たり、触れたり、あるいは販売員に聞くことができないため、商品の探索や購入にはつねに知覚リスク（perceived risk）がともなう。この知覚リスクを削減するため、消費者は実店舗で商品を実際に確認して知覚リスクを削減したうえで、EC で安価に購入するという行動を取りはじめた。いわゆるショールーミングである（Rapp et al. 2015）。消費者のショールーミングは、実店舗を取引が発生しないショールーム化してしまう行動であ

---

[i] 本節は，近藤公彦（2015）「小売業におけるマルチチャネル化とチャネル統合」『国民経済雑誌』212（1），pp.61-73，ならびに近藤公彦（2018）「日本型オムニチャネルの特質とその理論的課題」『流通研究』21（1），pp.77-89，の一部に加筆・修正したものである．

り、店舗小売業にとっては販売機会の大きな損失となる。

　こうした拡大するEC小売業への競争上の対抗として、また消費者のショールーミング行動への対策として、店舗小売業が取り組んだのが、クリック＆モルタル（click & mortar）である。クリック＆モルタルとは、ECと実店舗それぞれの利点を組み合わせ、相互補完的かつシナジー効果が発揮されるように各チャネルを活用する経営手法を指す（Bahn & Fischer 2003；Steinfield et al. 2002）。

　Blackwell & Stephan（2001）によれば、クリック＆モルタルにより小売企業は次のような利点を享受することができる。

　　①ECを促進するために店舗従業員を活用する。
　　②店舗販売に適さない嵩のある商品をECで提供する。
　　③ECで販売した商品の返品を実店舗で受け付ける。
　　④新商品を店舗販売に先だってECで紹介し、消費者の反応を確かめる。
　　⑤実店舗の過剰在庫や不良在庫をECで販売する。

　また、Bahn & Fischer（2003）は、クリック＆モルタルの5つの方法を指摘している。

　　①企業や商品の紹介にECを利用する「フロント・ロビー」
　　②実店舗の所在地や商品情報などをECで提供する「製品プロフィール最大化」
　　③商品の検索や詳細な仕様の選択など、実店舗で行うと顧客が負担に感じる活動をECに移す「負担取引の転嫁」
　　④実店舗に置くことのできない商品をECで提供する「製品ラインの併存」
　　⑤あらゆる領域で実店舗とECの両方を最大限に活用する「直接統合」

　同様にGribbins & King（2004）は、ECの活用領域として、取引を行うためのウェブサイト、情報提供のためのウェブサイト、電子メールによる広告、お

よびオンライン・オークションの4つを挙げている。

クリック＆モルタルに実店舗とECとの連動性に焦点を当てた捉え方が、O2O（Online to Offline）である（Herhausen et al. 2015）。O2Oは、EC（online）上で商品、価格、品揃え、顧客サービス等のさまざまな情報を提供することによって消費者を実店舗（offline）に誘導することを意図しており、ECは実店舗への消費者誘導の手段として位置づけられる。さらに、O2O2O（Offline to Online to Offline）は、実店舗での顧客経験をEC上に提供することを促し、それによって実店舗に消費者を呼び込むという、より複雑なチャネルの連動を指している。

2 ▶▶▶ マルチチャネルへの発展

実店舗とECという複数の販売／コミュニケーション・チャネルからなるクリック＆モルタルはさらに、販売員、電話、携帯電話、カタログ、ダイレクトメール、コールセンター、SNSなどチャネルの要素を拡大し、より多様な顧客接点を有するマルチチャネル（multichannel）へと発展していく（Neslin & Shankar 2009；Payne & Frow 2004）。

マルチチャネルとは一般に、「2つ以上のチャネルを同期化させて商品・サービス、あるいは顧客サポートを提供する活動」を指し（Stone et al. 2002）、同期化により種々の要素がチャネル間で連動していることが強調される。また、マルチチャネル・マーケティング（multichannel marketing）という視点から、「マルチチャネルを配置し、異なった直接・間接のチャネルを組み合わせて遂行される多様な流通タスクの共有」と捉えられており（Rangaswamy & van Bruggen 2005；Valos et al. 2010）、ここでもチャネルの組み合わせと流通タスクの共有という活動の連動性に焦点が当てられる。こうした理解に見られるように、マルチチャネルは、クリック＆モルタルで示された実店舗とEC/コミュニケーション・チャネルの要素をさらに拡大し、販売およびコミュニケーション局面で生じるさまざまな顧客接点を包括し、顧客関係を深化させる行動であるといえる。

また第Ⅰ章で述べたように、日本の小売業はその歴史的発展過程において、ある業態の企業が他の業態をチャネルとして付加し、企業レベルあるいは企業

グループ・レベルで成長を図ってきた。すなわち、日本の小売企業は百貨店、総合スーパー、食品スーパー、コンビニエンスストア、ECなど、さまざまな業態に多角化し、消費者の多様な購買ニーズを可及的に取り込み、市場を深耕することによって、その成長を実現してきたのである（近藤 1995）。それゆえ、日本の小売業におけるマルチチャネル化は、販売／コミュニケーション・チャネルの多様化だけでなく、多業態化の側面からも特徴づけることができる。

販売／コミュニケーション・チャネルにせよ、業態チャネルにせよ、小売企業がマルチチャネル化を進める動機は次の点にある。

第1に、第Ⅰ章でも触れたように、チャネルごとに異なった商品・サービス、価格帯を用意することによって、市場を細分化したり、利益最大化を図ることできる（Valos et al. 2010）。実店舗で高価格商品を提供し、ECでより低価格商品を品揃えする、というのがその例である。そしてこうした取り組みを通じて、マルチチャネル全体での利益を最大化する。

第2に、チャネルを多様化することで、より多くの顧客セグメントに接近することができる（Neslin & Shankar 2009 ; Zhang et al. 2010）。例えば、実店舗からECに参入することにより、店舗商圏に制約されて接近できなかった商圏外の消費者に訴求することができる。

第3に、これに関連して、ひとつのチャネル（例えば、実店舗）のみを利用するシングルチャネル・ショッパーに比べて、複数のチャネルを利用し、支出額がより高いとされる（Kumar & Venkatesan 2005）マルチチャネル・ショッパーに訴求することができる。これを通じて、より魅力的な顧客セグメントをターゲットとし、マルチチャネル全体の売上げ拡大を図ることができる。マルチチャネル・ショッパーの優良性については第Ⅲ章1節で詳述しているので、参照されたい。

第4に、それぞれのチャネルの利点を活用するとともに、その欠点を補うことによって、マルチチャネル全体として顧客満足とロイヤルティを高めることができる（Zhang et al. 2010）。先述のクリック＆モルタルやＯ２Ｏによる実店舗とECとの連動、コールセンターでの各種の商品・サービスの情報提供、ある

いはモバイル・デバイスによる購買・利用機会のユビキタス環境の提供などはその例である。

　第5に、それぞれのチャネルで必要とされる資源や能力のうち、チャネル間で共有可能なものを共通に利用することによって、マルチチャネル全体のコストを削減することができる。例えば、顧客管理システムやプロモーション能力、あるいはインフラとしての人事管理システムなどをチャネル間で共用することである（Neslin & Shanker 2009）。

　そして最後に、こうした市場戦略と組織システムの両面においてマルチチャネルの効果を高め、コストを削減することを通じて、競争優位を構築することができる（Zhang et al. 2010）。

　その一方で、マルチチャネル化には制約も伴う（Zhang et al. 2010）。まず、チャネルによってオペレーションは異なるため、マルチチャネルとして全体的な視点から管理するのは容易ではない。このことは、実店舗のオペレーションとECのそれを比べれば、明らかであろう。また、高い人的サービスを提供する小売企業は、ECを付加することによるブランド・イメージの毀損を懸念して、チャネルの多様化を躊躇するかもしれない。

　マルチチャネルは、用いられるチャネルの多様性に焦点が当てられるものの、それぞれのチャネルの異なった発展プロセスを反映して、その実態においては、依然として各チャネルの独立性が残されている（Beck & Rygl 2015；Cao & Li 2015）。逆説的ではあるが、マルチチャネル研究においてチャネル統合が主要な課題として指摘されてきたことは、チャネル統合がその重要性にもかかわらず、必ずしも十分になされておらず、そのためにマルチチャネルの成果を上げられていないという問題意識に基づいている（Payne & Frow 2004；Yan et al. 2010）。

　こうした課題を克服するために生まれた考え方が、クロスチャネル（cross-channel）である。Cao & Li（2015, p.200）によれば、クロスチャネル統合は「企業にシナジーを創出し、顧客に特定のベネフィットを提供するために、企業がチャネルの目的、設計、展開を調整する程度」と定義される。また、Cummins et al.（2016）は、クロスチャネル小売業（Cross-channel retailing）とし

て、「ひとつ以上の、またはすべての広範なチャネルを通じて商品やサービスを販売する一群の活動」と捉えている。こうした定義に見られるように、クロスチャネルでは、顧客への商品・サービス、あるいはベネフィットを提供するためには、チャネル間のシナジー創出が条件となることが指摘されている。

3 ▶▶▶ オムニチャネルの生成

　これまで概観してきたように、電子商取引（EC）、クリック&モルタル、マルチチャネル、そしてクロスチャネルへと至る一連のチャネル多様化への動きは、本質的には統合的なチャネル管理をめぐる発展プロセスであったということができる。こうした企業の論理に基づいたチャネル行動という発想を転換し、消費者起点のチャネル構築を促す考え方がオムニチャネルである。

　オムニチャネルについて最初の学術的な定義を示した Rigby（2011, p.67）によれば、オムニチャネルとは「実店舗と豊富な情報を得られるオンライン買物経験の利点とを融合する統合的な販売経験」を意味する。この定義は、オムニチャネルにおける顧客の買物経験が実店舗と EC の融合から生まれることを示唆している。第Ⅰ章で触れたように、消費者が実店舗と EC を自由に往来するプロセスにおいて、情報が統合的かつ間断なく提供される状態がシームレス（seamless）である（Schramm-Klein, et al. 2011）。Lazaris & Vrechopoulos（2014）は、これに焦点を当て、オムニチャネルを「シームレスな買物経験と組み合わせて、実店舗チャネルと EC チャネルの両方を利用すること」と定義している。

　Verhoef, et al.（2015, p.176）は、オムニチャネル管理の観点から「チャネル間の顧客経験とチャネルにわたる成果が最適化されるように、多くの利用可能なチャネルと顧客接点を相乗的に管理すること」と捉えている。この定義は、顧客にシームレスな買物経験を提供するためには、チャネル間の調整が重要であることを示唆している。また、Levy et al.（2013, p.67）は、オムニチャネル小売業（omnichannel retailing）を「調整されたマルチチャネル・オファリングであり、（消費者が）小売企業のすべての買物チャネルを利用する際にシームレスな経験を提供する」と指摘している。さらに Cummins et al.（2016）は、オム

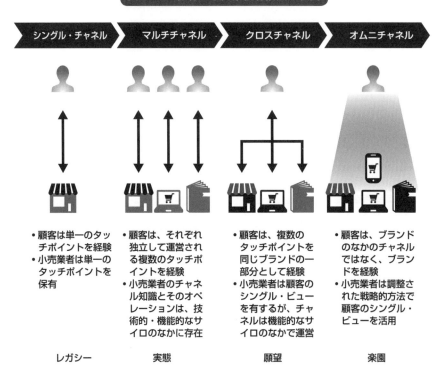

図2-9 顧客-小売業顧客接点の展開

出典：National Retailing Federation, Mobile Retail Initiative（2011）*Mobile Retailing Blueprint: A Comprehensive Guide for Navigating the Mobile Landscape, Version 2.0.0*, p.2.

ニチャネル・マーケティングとして、「チャネル、プラットフォーム、あるいは販売プロセスにおける段階にかかわらず、統一的なブランド経験を創出するために、顧客との接点やコミュニケーション機会を相乗的に統合すること」と定義している。第Ⅰ章で説明したように、本書では近藤（2018）の定義を共通の理解とし、「すべてのチャネルを統合し、消費者にシームレスな買物経験を提供する顧客戦略」と位置づけておくこととする。

図2-9は、シングルチャネルからオムニチャネルへの発展プロセスを顧客と小売業との顧客接点に焦点を当てて図案化したものである。全米小売業協会

表2-1 マルチチャネル管理とオムニチャネル管理

	マルチチャネル管理	オムニチャネル管理
チャネルの焦点	双方向チャネルのみ	双方向チャネルとマスコミュニケーション・チャネル
チャネルの範囲	小売チャネル：実店舗、オンライン・ウェブサイト、ダイレクト・マーケティング（カタログ）	小売チャネル：実店舗、オンライン・ウェブサイト、ダイレクト・マーケティング、モバイル・チャネル（スマホ、タブレット、アプリ）、ソーシャル・メディア、顧客接点（テレビ、ラジオ、印刷物、C2Cなどマスコミュニケーション・チャネルを含む）
チャネルの分離	重複のない分離したチャネル	シームレスな小売経験を提供する統合チャネル
ブランド、チャネル、顧客関係のフォーカス	顧客 - 小売チャネル・フォーカス	顧客 - 小売チャネル - ブランド・フォーカス
チャネル管理	チャネル単位	クロスチャネル
目的	チャネル目的（チャネル毎の売上高、チャネル毎の経験）	クロスチャネル目的（全体的な小売顧客経験、チャネルにわたる総売上高）

出典：Verhoef, P. C., Kannan, P. K. & Inman, J. J. (2015) "From Multi-channel Retailing to Omni-channel Retailing, Introduction to the Special Issue on Multi-channel Retailing." *Journal of Retailing, 91*(2), p.176.

(National Retailing Federation) によるこの図は、オムニチャネルにいたる変遷とそれぞれのチャネルにおける顧客接点の相違を示した概念図として頻繁に引用されているものである。シングルチャネルは顧客との接点が実店舗の一種類のみであるのに対し、マルチチャネルでは、実店舗、EC、カタログと複数の顧客接点を有することとなるが、個々のチャネルは互いに独立して運営されている。クロスチャネルではチャネル間で顧客情報が統合されることにより、それぞれの顧客は「個客」としてシングル・ビューで管理されるが、ここでもチャネルは依然として個別に運営されている。オムニチャネルの段階では、シングル・ビューで顧客管理がなされ、チャネルが相互に連動して運営されることにより、顧客はチャネル全体で単一のブランド経験をすることになる。

また、Verhoef et al. (2015) は、**表2-1**のように、マルチチャネルとオムニ

表2-2　マルチチャネル、クロスチャネル、オムニチャネルの比較

マルチチャネル小売業	クロスチャネル小売業	オムニチャネル小売業
別々の(siloed)アプローチ	相互依存のアプローチ	統合的アプローチ
定義：チャネルを独立した存在として運営する戦略(Yan et al, 2010)	定義：消費者がチャネル間を移動し、シナジーが発揮されるように、複数のチャネルを統合する戦略(Chatterjee 2010；Schramm-Klein et al. 2011)	定義：あるブランド・エコシステムにおいて消費者がシームレスな経験ができるように、混合したタッチ・ポイントとしてチャネルを管理する戦略(Rigby 2011；Brynjolfsson et al. 2013)
主な特徴：いくつかのチャネルが共存し、それぞれは別個であり、競合関係にある	主な特徴：チャネルそれぞれの役割を促進し、あるチャネルから他のチャネルに移る際の潜在的な摩擦を最小化するために、チャネル間の垣根を低くする	主な特徴：シームレスなカスタマー・ジャーニーが行えるよう、あるユニークなチャネル内で統合された、情報と取引のタッチ・ポイント
チャネル接合：チャネル間の分離	チャネル接合：チャネル間のシナジー	チャネル接合：ユニークなチャネル
歴史的なチャネルの地位：支配的	歴史的なチャネルの地位：統合	歴史的なチャネルの地位：相対的
追加されたチャネルは歴史的・支配的チャネルと共存	歴史的チャネルは追加されたチャネルと(再)検討	あるユニークなチャネル内で歴史的チャネルは、とくに重要なタッチ・ポイントとなる
チャネル間の潜在的コンフリクト：売上げのカニバリゼーション(Yan et al, 2010)	チャネル間の潜在的コンフリクト：チャネルが影響した売上げ(Cao 2014)	

出典：Picot-Coupey, K., Huré, E. & Piveteau, L. (2016) Channel Design to Enrich Customers' Shopping Experiences: Synchronizing Clicks with Bricks in an Omni-channel Perspective – the Direct Optic Case. *International Journal of Retail and Distribution Management*, 44(3), p.342.

チャネルにおける管理の相違を整理している。ここで注目すべきは、マルチチャネルが基本的にチャネル単位の管理を志向するのに対して、オムニチャネルは統合型のクロスチャネル管理を前提としていること、そして、その成果はマルチチャネルがチャネル単位の売上げや顧客経験に焦点を当てるのに対し、オムニチャネルのそれは全体的な顧客経験やチャネルを跨ぐ総売上高であることである。このことは、マルチチャネルからオムニチャネルにいたるチャネルの

発展がチャネルの個別的管理から統合的管理への進化であることを示している。彼らは、そうしたチャネルの統合的管理をオムニチャネル管理（omnichannel management）と呼び、「チャネル間にわたる顧客経験とチャネルを跨ぐ成果を最適化するために、利用可能な膨大な数のチャネルをシナジーが上がるように管理すること」(p.175) と捉えている。

このようなオムニチャネルにおける統合的管理の視点は、Picot-Coupey et al. (2016) の研究でも同様に見られる。表2-2は、彼らによるマルチチャネル、クロスチャネル、およびオムニチャネルの比較を示したものである。チャネル統合の程度はマルチチャネルでもっとも低く、オムニチャネルがもっとも高い。ここでも同様に、マルチチャネルがチャネルの個別的管理が中心であるのに対して、クロスチャネルはチャネル間の連動性、そしてオムニチャネルではシームレスなカスタマー・ジャーニーを提供し得る統合的なチャネル管理が志向されている。

こうしたオムニチャネルにおける統合的管理については、第Ⅴ章で詳述する。

4 オムニチャネル環境の広がり

本節では、インターネット等のICTの発展とその技術を取り込む形で進展してきたマーケティングを振り返るとともに、デジタル環境にみられる特徴を整理し、さらに、消費者側の行動も変化していく中で、オムニチャネルがどう生まれていったのかを併せてまとめてゆく。

昨今、実務や研究が進展しているデジタルマーケティングに加え、その前身とも言えるデータベース・マーケティングやインターネット・マーケティングとその背景にある技術について振り返る。オムニチャネル戦略においては、販売や物流面への観点だけでなく、販売チャネルとコミュニケーション・チャネルの境が曖昧となっており、こうしたコミュニケーションに関わる技術とその技術に応じて進展するマーケティングとそれらの動向について把握する必要が

ある。

　まずは、我が国におけるインターネットとコミュニケーションに関わる技術発展とマーケティングへの適用についてみていこう。1980年代後半のパソコン通信を経て、インターネットの商用利用は1993年に当時の郵政省がインターネットの商用利用を許可し、各社から接続サービスが提供されたところにまで遡る。1996年にはヤフーがバナー広告の取り扱いを開始し、2000年前後にアフィリエイト広告のサービスも始まった。現在デジタル広告の大きな割合を占める運用型広告については、2002年に Google 社 が検索連動型広告を、そして翌年にはさまざまなサイトにおけるコンテンツ連動型広告サービスの提供を開始している。

　コミュニケーションの観点では、パソコン通信時代のフォーラムと呼ばれる場や、掲示板などによるやり取りから始まった。その後、技術力や費用を必要としないブログサービスが各社から提供されたことにより、個人によるブログでの情報発信が人気となる。そして2004年の mixi や GREE などのサービス開始、1999年の i-mode、2006年における Google 社によって説明された「クラウド」の登場や2000年台後半に入って以降のプラットフォーマー議論、2008年のiPhone ３Ｇの登場や Facebook や Twitter の日本語化対応、2010年の Instagram、2011年の LINE などさまざまなサービス提供により、モバイル・デバイスとソーシャル・ネットワークの利用が爆発的に進んでいった。こうした動きは、現在進行形で進んでおり、文字情報から画像、そして動画というように情報のリッチさが増してきている。Instagram は2010年のサービス開始以降、2016年の「ストーリーズ」開始などでサービスを拡充させ、2017年４月には全世界の月間アクティブユーザー数（MAU）が７億人を突破するなど、若者を中心にその利用を大きく拡大している。2017年の Nielsen 社の発表によると、アプリ利用者は1700万人を突破し、40代・50代のユーザー数の伸びが非常に強い（例えば女性50代以上の伸びは対前年比で112%の205万人）ことなどを紹介している。インターネットの動画広告の市場規模は2018年時点で昨年比34% 増の1843億円（うちスマホ向けが1563億円、昨年比43% 増）となっており、2024年には5000億円規模まで成長

すると見込まれている。

　この間、インターネットの普及に対応する形で、インターネット・マーケティングが取り上げられた（Frost & Strauss 1999；Hanson 2000）。特にインターネットの持つ特徴から、インターネット・マーケティングは、ユーザーに対する訴求を図るチャネルのひとつという位置づけで、eマーケティング、ウェブマーケティングなどと表されてきたが、現在ではマーケティングに組み込まれ、そしてマーケティング自体のデジタル化に発展している。

　インターネットの登場とモバイル・デバイスの普及、またSNSなどのサービスの充実により、企業と消費者は時間・空間を超えて、低コストでコミュニケーションを行えるようになっただけでなく、マーケティングそのものがデジタル化によって抜本的に変わってきており、その背景として①情報格差の解消と関係性の変化、②企業による消費者のより深い理解、③データの蓄積と活用の3点が挙げられる。

◆　①情報格差の解消と関係性の変化

　デジタル以前の環境では、情報の流通は川上のメーカーや小売業から川下の消費者への一方通行であり、また消費者が持つ製品やサービスに対する情報の量や質が限られていたため、主導権は企業側が握っていた。

　しかし消費者がソーシャル・ネットワーク上で情報発信をしたり、価格.comや@cosmeに代表される比較サイトを運営するデジタルプラットフォーマーにより、消費者のコメントが蓄積され誰もが利用できるようになってきたため、主導権が川上の企業から川下の消費者に移動した。AIDMA（Attention, Interest, Desire, Memory, Action）に代わる消費者行動モデルとしてShareを含むAISAS（Attention, Interest, Search, Action, Share）が世に広く知られるようになったのも、EC利用者が過半数を超える2000年代である。20世紀後半から売り手のほうが買い手よりも情報を有しているといった「情報の非対称性」が論じられてきたが、それが現代では逆転している場面すら珍しくなく、オムニチャネルが企業主導ではなく、消費者行動の変化によって主導された点のひとつと言え

るだろう。

　結果として、企業と消費者間の情報格差に乗じた企業側の情報操作が通じなくなると共に、消費者が求める情報として商品やサービスの消費・資料情報の重要性が増し（Simonson & Rosen 2014）、川下の消費者を起点としたプロセスへのトランスフォーメーションが企業には求められている。

◆　②企業による消費者のより深い理解

　デジタル広告プラットフォームでは蓄積されたデータに基づき、年齢、性別といったデモグラフィック情報だけでなく、興味関心、場所、時間帯などさまざまなセグメンテーションによって、広告を配信することが可能となっている。アドテク（アドバタイジングテクノロジー）と呼ばれる発展分野である。特に、モバイルを介しての位置情報を利用したコミュニケーションが重要となってきている。また運用型情報システムの発展により、ECや実店舗など複数チャネルや、グループ内外の複数間での消費者の購買情報をユーザー毎に企業が把握することも可能になりつつある。

　このような環境から、様々な情報を結合して分析し、消費者の文脈を理解したり、購買前後の状況を把握することなどにより、消費者をより深く理解することが出来るようになっている。そのため、従来の広告だと利用は大手企業に限られたものの、デジタル広告は中小や個人事業主でも活用することができ、さらに広告費の変動費化が図られているとも言える。電通の「2017年　日本の広告費」（電通 2017）によると、国内における2017年度のEC広告費の媒体費の1兆2206億円のうち、実に77%を占める9400億円が運用型広告費であり、同様に、68.1%を占める8317億円がモバイル広告である。さらにその中でスマホの動画広告が増えているのは既述の通りである。

◆　③データの蓄積と活用

　従来のチラシやクーポン配布などのコミュニケーション・プロモーション施策では、その効果や、対象となったユーザーデータなどを把握することは難し

かった。それがデジタルマーケティングでは事業会社自身がさまざまなデータを資産として蓄積し、活用できることが挙げられる。これまでのマーケティングでは、顧客との販売チャネルを持っている企業でなければ、顧客に関するデータの蓄積や活用を図ることが難しかったが、デジタル化によって購買データはもとより、購入に至るまでの道筋が検索やサイト訪問、アプリの利用などを通して顧客の購買体験のさまざまなフェーズでの行動を中心としたデータを蓄積し、活用することが可能となった。また、DMなどもカスタマイズが可能となってきており、DMへの反応をアプリやネットと連携させることで捕捉することなども積極的に取り組まれている。

EC広告をはじめとした進展は、ROIについてもマーケティングに影響を及ぼしている。例えばデジタルチャネルにおいて、当初の指標はCPC（Cost Per Click）やCPM（Cost Per Mille, Mille＝1000回の広告表示）といったメディアの施策効果を計るものが中心だった。しかしながらCPCやCPMというのはあくまで購買に至る過程の一部にすぎず、最終的な利益増に貢献したか、という点についての説明をなすものではなった。それに対する対応として、徐々に実際の売上に対する効果を測定する指標として、ROAS（Return on Advertising Spend）などの指標が取り上げられるようになった。またオムニチャネルの視点から見た場合、近年では単にECと実店舗というそれぞれのチャネル単独での売上や利益への貢献だけを見るのではなく、最終的にチャネルにかかわらずデジタルコミュニケーションの売上や利益などへの効果を見ていくことが行われるようになっている。

これらの実装のためには、いくつかのアプローチが挙げられる。まずもっとも導入しやすいアプローチとして、特にEC広告による実店舗への誘導効果については、さまざまな広告プラットフォームがスマホの位置情報を活用し、広告に接触したユーザーの来店率を測定する方法がある。また実店舗とECの両チャネルで、1人の顧客を同一人物だと認識するIDを設け、アプリをECと実店舗間をつなぐブリッジとして活用するケースも見られる（Ex. 無印良品やUNIQLOなど）。

また、ECやモバイルデバイスの普及に伴い、EC接続の増加や接続時間が増える中、消費者は、距離的・社会的制約を超えた消費者間でのコミュニケーションの他、他者のクチコミや行動が閲覧しやすくなっている。こうした消費者とのコミュニケーションを図るべく、企業側においては、オウンド、ペイド、アーンドの3つのメディアと、消費者のカスタマー・ジャーニーの各段階における顧客接点に対する注目が集まっているが、メディアを含めたカスタマー・ジャーニーや顧客接点については顧客側の特色が強まるため、章を改めて論じることとする。

5　消費者行動の変化

　本節では、小売企業をはじめとした企業のオムニチャネル化を促進させた要因として、ショールーミングやウェブルーミングなどに代表される消費者行動の変化を取りあげ、その消費者行動の変化をもたらした環境要因についてみていく。特に、スマホの普及の結果、消費者は、実店舗とECの行き来が容易となった。まずは、このスマホの普及について取りあげる。

　オムニチャネル時代のキーデバイスとなっているスマホは、アップルのiPhoneが米国では2007年、日本では2008年に発売されて以降、普及が促進された。総務省の「平成29年通信利用動向調査」によると、2017年の国内におけるスマホの保有率は60.9%であり、携帯電話・PHSの29.3%より多く、両者を合わせたモバイル端末全体の保有率は84.0%にも及ぶ。同様の調査として、2018年においてスマホの利用状況が71%という結果となっている（野村総合研究所［以下NRI］による「生活者1万人アンケート」の2018年調査）。年代によって保有率に開きがあるものの、現在のスマホ保有率は日本人口の過半数を超える状況である。

　加えて、総務省による過去の同調査によると、2013年に国内の20代と30代においてスマホからのネット利用が（自宅の）パソコンからのネット利用を抜き、2017年になるとスマホによるネット利用がパソコンによるネット利用を初めて

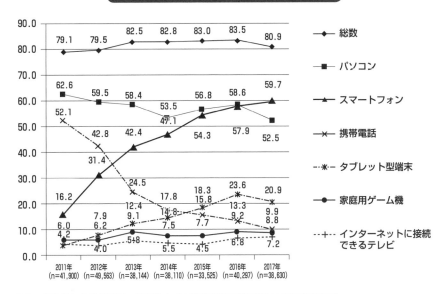

図 2-10 インターネットの利用状況（個人）

出典：総務省による 2012 年～2018 年までの「通信利用動向調査」を基に筆者作成.

上回るに至っている（図2-10）。2017年のインターネットの利用率は全体で80.9％であり、端末別ではスマホによるネット利用が59.7％となり、パソコンによるネット利用は52.5％である。このように、いまやもっともインターネットへの接続が多い端末はスマホとなっている。

例えば、2015年にはGoogleにおける検索も、モバイル・デバイスがパソコンからの検索数を上回った他、多くの企業が展開するサイトにおいてもスマホからのアクセスがパソコンからのアクセスを上回っている。

一方、メディア総接触時間においては、株式会社博報堂DYメディアパートナーズの調査では、マスメディアから、デジタルへ、そして、モバイルへシフトしていることが示されている（表2-3）。この博報堂DYメディアパートナーズが2006年から毎年実施している「メディア定点調査」の2018年版の調査は、東京、大阪、愛知、高知の4都府県からそれぞれ641、627、627、618のサンプ

表2-3 メディア総接触時間の時系列推移（東京地区）

	テレビ	ラジオ	新聞	雑誌	パソコン	タブレット端末	メディア総接触時間
2006年	171.8	44.0	32.3	19.6	56.6		335.2
2007年	163.7	39.3	28.2	17.8	61.8		324.9
2008年	161.4	35.2	28.5	17.1	59.4		319.3
2009年	163.5	31.1	26.0	17.6	67.6		323.9
2010年	172.8	28.7	27.8	16.0	77.4		347.9
2011年	161.4	33.0	23.3	18.6	81.7		350.0
2012年	161.4	31.9	24.0	16.6	77.1		351.4
2013年	151.5	35.2	27.1	16.0	72.8		353.1
2014年	156.9	30.5	23.4	13.6	69.1	18.2	385.6
2015年	152.9	28.9	19.9	13.0	68.1	20.6	383.7
2016年	153.0	30.1	20.4	13.8	61.0	24.9	393.8
2017年	147.3	24.5	19.8	11.9	59.3	25.0	378.0
2018年	144.0	24.2	15.9	12.3	66.6	29.9	396.0

出典：博報堂DYメディアパートナーズ(2018)「メディア定点調査2018」を基に筆者作成.

ルを回収し、2017年の住民基本台帳に基づき性・年代でウエイトバックを実施したものである。2018年の東京において、メディア総接触時間は前年度から18.0分の増加となり、過去最高の396.0分（1日あたり/週平均）を記録した。デジタルメディアはトータルで前年度から25.1分増の199.6分となっており、それぞれ「携帯電話/スマホ」が同12.9分増の103.1分、「パソコン」が同7.3分増の66.6分、「タブレット端末」が同4.9分増の29.9分である。一方のマスメディアの接触時間は合計196.4分で、それぞれ「テレビ」が144.0分、「ラジオ」が24.2分、「新聞」が15.9分となっている。このように2018年にはじめて、デジタルメディアの接触時間がマスメディアの接触時間をわずかではあるが上回るという状況となっている。NRIが3年毎に行っている「生活者1万人アンケート」の2018年調査においても、1日あたりの平日のネット利用時間（仕事

利用を除く）が年々伸張し、119分となっている。

　以上のスマホを中心としたデジタルメディアを通じたインターネットへの接触時間の伸張を反映し、インターネット広告費や、インターネット広告の媒体の中でもモバイル広告費が伸張している。電通によると、2017年の国内の広告費は6兆3907億円となっており、そのうちインターネット広告費は23.6％、マス4媒体は43.7％、プロモーションメディア広告費は32.7％となっている（表2-4）。インターネット広告費は、マス4媒体の中で最も大きいテレビメディア30.4％に次ぐ割合を占めている。このインターネット広告費1兆5094億円における媒体費は1兆2206億円で、この媒体費を端末別の観点からみるとモバイル広告が8317億円で68.1％にも及んでおり、モバイル端末への注力が伺える。なお、運用型広告費が9,400億円で媒体費に占める割合は77.0％である。

　このように、インターネットへのアクセスがPC端末に加えてスマホ（携帯電話）端末が加わり、そしてスマホ端末を通じたネット利用が増加したことに加え、ECを通じた購買が広がったと考えられる。

　国内における2017年のBtoCのEC市場規模は、16兆5054億円（前年比9.1％増）となっている。内訳は、物販系分野は8兆6008億円、サービス系分野は5兆9568億円、デジタル分野は1兆9478億円である。このうち、デジタル分野は電子出版（電子書籍・電子雑誌）、有料音楽配信、有料動画配信、オンラインゲームなどであり、インターネットを介して提供される商財はデジタル分野に含まれる。そのため、同じ書籍でも、書籍、音楽ソフト、映像ソフト、ゲームソフトのネット販売は物販系分野に該当し、電子書籍などのデータとして提供される場合はデジタル分野に含まれる。以下では、本書が着目する小売企業を想定し、物販系分野に着目する。

　2017年の物販系分野のEC市場規模となる8兆6008億円のうち、スマホ経由となるのは35.0％の3兆90億円程である。この物販系分野全体のEC化率は5.79％となっており、個々のカテゴリーによってはEC化率には開きがあるものの、今後も伸びていくと考えられる。

　表2-5に、各カテゴリーのEC化率の推移が示されている。EC化率の高い

表2-4　日本の広告費

媒体／広告費	広告費(億円)						
	2011年	2012年	2013年	2014年	2015年	2016年	2017年
総広告費	57,096	58,913	59,762	61,522	61,710	62,880	63,907
マスコミ四媒体広告費	27,016	28,809	28,935	29,393	28,699	28,996	27,938
新聞	5,990	6,242	6,170	6,057	5,879	5,431	5,147
雑誌	2,542	2,551	2,499	2,500	2,443	2,223	2,023
ラジオ	1,247	1,246	1,243	1,272	1,254	1,285	1,290
テレビメディア	18,128	18,770	19,023	19,564	19,323	19,857	19,478
地上波テレビ	17,237	17,757	17,913	18,347	18,088	18,374	18,178
衛星メディア関連	891	1,013	1,110	1,217	1,235	1,283	1,300
インターネット広告費	8,062	8,680	9,381	10,519	11,594	13,100	15,094
媒体費	6,189	6,629	7,203	8,245	9,194	10,378	12,206
広告制作費	1,873	2,051	2,178	2,274	2,400	2,722	2,888
プロモーションメディア広告費	21,127	21,424	21,446	21,610	21,417	21,184	20,875
屋外	2,885	2,995	3,071	3,171	3,188	3,194	3,208
交通	1,900	1,975	2,004	2,054	2,044	2,003	2,002
折込	5,061	5,185	5,103	4,920	4,887	4,450	4,170
DM	3,910	3,960	3,893	3,923	3,829	3,804	3,701
フリーペーパー・フリーマガジン	2,550	2,367	2,289	2,316	2,303	2,257	2,136
POP	1,832	1,842	1,953	1,965	1,970	1,951	1,975
電話帳	583	514	453	417	334	320	294
展示・映像ほか	2,406	2,606	2,680	2,844	3,062	3,195	3,389

出典：電通による2012年〜2018年までの「日本の広告費」を基に筆者作成．

ものとして、「事務用品・文房具」「生活家電・AV機器・PC・周辺機器等」「書籍・映像・音楽ソフト」「雑貨・家具・インテリア」などが20%を超えている。「衣類・服飾雑貨等」は10%を超えているものの、他のカテゴリーは

表2-5　日本の物販におけるEC化率

物販系分野	2013年 市場規模(億円)	EC化率	2014年 市場規模(億円)	EC化率	2015年 市場規模(億円)	EC化率	2016年 市場規模(億円)	EC化率	2017年 市場規模(億円)	EC化率
食品・飲料・酒類	9,897	1.58%	11,915	1.89%	13,162	2.03%	14,503	2.25%	15,579	2.41%
生活家電・AV機器PC・周辺機器等	11,887	22.67%	12,706	24.13%	13,103	28.34%	14,278	29.93%	15,332	30.18%
書籍・映像・音楽ソフト	7,850	16.51%	8,969	19.59%	9,544	21.79%	10,690	24.50%	11,136	26.35%
化粧品・医薬品	4,088	3.80%	4,415	4.18%	4,699	4.48%	5,268	5.02%	5,670	5.27%
雑貨・家具・インテリア	9,638	13.17%	11,590	15.49%	12,120	16.74%	13,500	18.66%	14,817	20.40%
衣類・服飾雑貨等	11,637	7.47%	12,822	8.11%	13,839	9.04%	15,297	10.93%	16,454	11.54%
自動車・自動二輪車・パーツ等	1,675	1.87%	1,802	1.98%	1,874	2.51%	2,041	2.77%	2,192	3.02%
事務用品・文房具	1,354	23.30%	1,599	28.12%	1,707	28.19%	1,894	33.61%	2,048	37.38%
その他	1,907	0.48%	2,227	0.56%	2,348	0.63%	2,572	0.75%	2,779	0.80%
合計	59,931	3.85%	68,043	4.37%	72,398	4.75%	80,043	5.43%	86,008	5.79%

出典：経済産業省による2013年～2018年までの「我が国におけるデータ駆動型社会に係る基盤整備(電子商取引に関する市場調査)報告書」を基に筆者作成。

「化粧品・医薬品」「自動車・自動二輪車・パーツ等」「食品・飲料・酒類」は10%以下と低い。

また、NRIによる「生活者1万人アンケート」の2018年調査によると、ネットショッピングの利用者の年間平均利用回数は、2009年では11.0回であったが、2012年では12.5回、2015年では14.8回、2018年では19.8回と伸張している。こうしたネットショッピングが伸張している。

以上でモバイルの普及状況やEC化率を見てきた。次に、オムニチャネルの代表的な消費者行動例と考えられるショールーミングやウェブルーミングについて、普及状況を確認しておきたい。

小売企業のオムニチャネル化を促進させるきっかけとなった消費者行動が、ショールーミングとウェブルーミングである。ショールーミングでは、家電量販店の店頭で商品をみた顧客が他社ECで購入してしまうことなどがよく語ら

れるが、日本通信販売協会が2015年に行った調査では、家電購入分野におけるショールーミング経験者は60.1%となっており、かなり高い。2014年時点の米国で紹介されている調査結果では、73%の人にショールーミング経験が、88%の人にウェブルーミング経験があるとされている。より近年の2017年時点の米国における調査では、スーパーマーケットでも約75%の消費者がショールーミングの経験がある（2017年、Nielsen社「Total Consumer Report」より）とされている。

　しかしショールーミングやウェブルーミングの経験者率は、調査や利用業態による違いによって大きく異なる数字が紹介されている。2014年時点でやや古いが、クロスマーケティング社の日本における調査では、特定の製品カテゴリーに限定しないショールーミング経験者は16%となっているほか、筆者らが2017年に行った調査によると、同じく特定の製品カテゴリーに限定しないショールーミングの経験者率は26.7%（質問文言は「実店舗で購入商品を決定した後、別企業のECでその商品を購入した経験があるか」）、ウェブルーミングの経験者率は19.7%であった。本来これらの数字も家電量販店における経験率ほどに高くならなければならないはずであるが、調査において絞られる財の違い、もしくは調査時期や調査方法などによって、回答者が大きく変わることは想定をしておいてよいだろう。なお筆者らの同調査では、ショールーミング・ウェブルーミングの双方において、経験者はスマホの1日における利用時間と強く相関をしており、1日4時間を超えるほどのスマホ利用者では、4割がショールーミングを経験しているという結果も得られている。

　2012〜2013年頃に日本でもビジネス誌などで頻繁に登場したこれらの単語であるが、近年はショールーミングが小売の利益につながる場合や、長期的に見た場合のポジティブな結果が議論されるなど（Bell et al. 2018, Kuksov & Liao 2018）、必ずしもマイナスの面だけでないことが紹介されているほか、第Ⅲ章2節のガイドショッピングに関する箇所などで紹介するように、店頭在庫を持たず、ショールーミングを前提として売り上げを伸ばす例も多く報告されている。

オムニチャネルにおける特徴的な行動がもたらす成果や影響も、時代によってその捉え方を変えており、実務もこうした消費者行動を後追いし、そこから得られた知見に対応する形で、その戦略を変えていくと考えられる。テクノロジー、デバイスによって劇的に変わる消費者行動を企業が後追いをしている状況であるが、オンライン・オフラインのチャネルの違い、デバイスの違いなどを加味した真の意味の「オムニチャネル」で顧客を捕捉できている事例も、まだまだ多くないのが現状であると考えられる。では、企業はオムニチャネル時代においては消費者や顧客をどのように捕捉し、アプローチをしていけばよいのであろうか。続く章では、消費者に焦点を当てた議論を行っていく。

第III章 オムニチャネル・カスタマーへの変遷とその理解

前章では、消費者を取り巻く環境変化を多角的な視点から紹介した。企業サイドから従来のチャネルを介して施策を実行してきた従来型のマーケティングから、消費者を取り巻くテクノロジーやデバイスなどの劇的な環境変化に伴い、消費者行動も劇的に変わってきていることを解説してきた。したがって、その消費者を捉えるための理論も、特にスマホの普及以降、変化を必要としている。

本章では消費者がマルチチャネルからオムニチャネルへと移行するにあたって議論されている先端の理論や近年の消費者の特性をまず紹介し、オムニチャネル環境を駆使する「オムニチャネル・カスタマー」についてまとめる。続いて、変容を続ける消費者行動を捉えるキー概念となる、カスタマー・ジャーニーと顧客接点、顧客経験、顧客ロイヤルティ、顧客エンゲージメントなどを紹介し、オムニチャネル・カスタマーをどう捉えて行くべきかを論じていく。

1 マルチチャネル・ショッパー

オムニチャネルを議論する前に、その前段にある「マルチチャネル」から理解を深めていくほうが、現在のオムニチャネル環境にいる消費者を捉えやすくなるであろう。

マルチチャネル・ショッパーとは「一定期間に特定企業の2つ以上のチャネルを利用する消費者」のことを指す (Kumar & Venkatesan 2005)。またオムニチャネル・ショッパーとは「複数のチャネルを平行して利用するのではなく、複数のチャネルを同時に利用する消費者」と定義されている (Lazaris & Vrechopoulos

2014)。これらの定義からも分かるように、オムニチャネル・ショッパーとは、複数チャネルを同時に利用する特殊なマルチチャネル・ショッパーだとみることができる。このようにオムニチャネル・ショッパーはマルチチャネル・ショッパーに包含される概念である。したがって、その両者を明確に区別することが困難な場合もある。そのことは同時に、オムニチャネル・ショッパーの理解のためにはマルチチャネル・ショッパーとはどのような消費者なのかということを理解する必要があることを意味する。そこで本節では、これまでに蓄積されてきたマルチチャネル・ショッパーに関する知見を整理していきたい。

　以降ではまずマルチチャネル・ショッパーを理解するための前提知識として、消費者のチャネル選択行動の分析モデルについて整理する。その上で、マルチチャネル・ショッパーに関する既存研究の整理を通じて、マルチチャネル・ショッパーにどのように小売業は対応すべきかについて論じる。

■1▶▶▶チャネル選択行動の分析モデル

　消費者のチャネル選択行動は、ECを含む店舗の選択行動という形で具現化する。したがって、チャネル選択行動は、店舗選択行動の分析モデルによって分析することができる。店舗選択行動の分析で、もっとも広く利用されている手法はハフ・モデルである。ハフ・モデルとは、D.ハフによって開発された小売商圏を測定するモデルである。ハフ・モデル自体は1960年代に開発されたモデルであるが、現在も地理情報システムを活用した小売業の出店計画の際に活用されている。

　ハフ・モデルでは、ある商業集積への買い物出向確率を次式のように定義する。

$$P_{ij} = \frac{S_j / T_{ij}^{\lambda}}{\sum_{j=1}^{n} S_j / T_{ij}^{\lambda}}$$

ここで、
P_{ij}：地区 i から商業集積 j への買物出向確率
S_j：j の面積
T_{ij}：i から j への時間・距離
λ：距離抵抗のパラメータ

である。

　このモデルが表現するところは次の2点である。第1に、ある商業集積の魅力度は大きくて近いほど高いことを表現している。売場面積が大きいということは品揃えが豊富であることを意味している。近いということは商品を入手するまでのコストが低いことを意味している。第2に全商業集積の魅力度を合計した値を分母、ある商業集積の魅力度を分子に取り、それを計算した結果がある商業集積への出向確率になることを表現している。

　たとえば、図3-1のように λ を2とするとき、A団地からBストアへはSが2500、Tが5となり、出向確率は0.5となる。A団地からC商店街へはSが10000、Tが10となりこちらも出向確率は0.5となる。

2 ▶▶▶ ハフ・モデルから考えるECの脅威

　ハフ・モデルはあくまでも実店舗の選択をモデル化したものである。ここではハフ・モデルの適用範囲を拡張し、ECを選択肢に含めた場合のことを考えてみたい。もし図3-1に、売場面積が極めて広大で、どこからも時間・距離が極めて小さいというXというECが加わったらどうなるだろうか。当然、A団地の住人に限らず、すべての住人のBストア、C商店街への出向確率はきわめて低いものになる。同時にEC、Xへの出向確率はきわめて高いものになる。

　そして、そのXこそがアマゾン、楽天を含むECである。スマホという常に携帯され、起動されているデバイスを使い、必要な商品を検索キーワードに入れて発注すれば、商流に要するコストは非常に小さい。また、物流に関するコストも、商品は当日中か翌日には指定の場所に配達され、購買金額によって

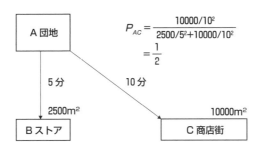

は送料無料で向こうから商品を運んでくれる。実店舗であれば、店舗に出向し、店内を回遊し、商品を探し、選び、レジに並び、会計処理を済まし、袋詰めをし、商品を自宅まで持ち運ぶコストが発生する。これらの手間を考えれば、多少の時間が掛かったとしても多くの場合、配達してくれるECの方がトータルのコストは小さくて済む。しかも、品揃えは実店舗の売場面積の制約を受けないため膨大である。このように商品入手に関わるコストが低い立地に、巨大倉庫並の品揃えの実店舗が、すべての商圏に出店し、利用できる状況にある。1人の消費者として見たとき、至急のものは別として、ECで買い物をするというのはきわめて合理的に見える。

3 ▶▶▶ 実店舗は無くならない

しかしながら、我々は近所のスーパーマーケット（実店舗）とECの双方で同じ商品が扱われている場合も、スーパーマーケット（実店舗）で買うことがある。それはなぜか？その理由は複数の考え方で説明することができる。

第1に、実店舗が無くならない理由は「穴居人の原理」によって説明することができる。「穴居人の原理」とはカク（2012）が述べる「現代のテクノロジーと原始的な祖先の欲求との軋轢があるところでは必ず、原始の欲求が勝利を収めている」という原理である。例えばこれだけペーパーレス化が進みながら、

大事な書類は紙に印刷して確認しないと何となく心配、という場合も多いだろう。また、これだけ通信技術が発達しているにもかかわらず、合意形成や契約などのためには対面の会議を設定せざるを得ない。また買物においても、実物を目の前にして選んだ方が安心である。ECでの買物は便利でも、味気なく感じており、実店舗での買物の方が、満足度を高く感じている消費者も多いだろう。

　第2に、実店舗が無くならない理由は「接触欲求（NFT：Needs For Touch）」によって説明することができる。商品カテゴリーによっては接触欲求が高いカテゴリーが存在する。その程度を図るためのNFT尺度が開発されている（Peck & Childers 2003）。またMcCabe & Nowli（2003）は、バスタオルなど触覚の重要性が高い製品の場合、購入意向が接触不可能条件よりも接触可能条件のほうが高くなることを明らかにした。一方、触覚の重要性が低い商品の場合、接触可能条件と接触不可能条件では購入意向に違いがみられない、という結果を得ている。このように、商品に直接接触しながら商品を選択したいというカテゴリーが存在するため、その提供の場としての機能を果たすのであれば実店舗は無くならないと言えよう。

　第3に、実店舗が無くならない理由は「バラエティ・シーキング（多様性追求）」によって説明することができる。バラエティ・シーキングとは、ひとつの商品を選択し続けるのではなく、いろいろな商品を選択しようとする消費者の購買特性のことを指す。Kwon & Jain（2009）は、消費者の多様性を追求しようという特性が、複数チャネルでの購買に繋がることを示している。調査の結果、複数チャネルでの購買は情報検索などの機能的な理由だけでなく、買物自体の楽しさなどの快楽的な欲求によってバラエティ・シーキングによって促進されることを把握している。例え、ECでの購買がどんなに便利になったとしても、それだけでは消費者は満足できないのである。

　ECがこれだけ便利になっても実店舗での購買をゼロにすることは出来ない。それ故に、アマゾンは近年、ホールフーズの買収、Amazon Pop-Up store、Amazon Fresh、Amazon GOの開発など実店舗の開発に注力している

と解釈できる。

　以上のように、実店舗がECを機能面で上回るのは困難である。またECが実店舗を情緒面で上回るのも困難である。どちらかだけでは限界があり、小売業の魅力度を高めるためには、ECを主とする機能的価値の提供と実店舗を主とする情緒的価値の提供の双方が必要である。

　機能的価値の面では（既存の実店舗の立場から言えば）実店舗にECの機能を融合したオムニチャネル化は避けられないだろう。単純に消費者のEC利用時間が拡大するほど、その重要性は高まる。また、情緒的価値の面では、ECと実店舗の間におけるシームレスな体験を提供しつつも、実店舗で情緒的価値の伝達を実現する売場の開発を重要課題として設定する必要があるだろう。

　以上の議論を踏まえたとき、小売チャネル間の生存競争を勝ち残るには、実店舗とECの双方に対応する必要があると言えよう。ではこれまでの流通、マーケティングの研究において、複数のチャネルを利用する消費者はどのような特徴があると整理されてきたのだろうか。以降ではこれまでの研究について整理をし、その特徴について把握していこう。

4 ▶▶▶マルチチャネル・ショッパーの重要性

　1チャネルを利用するシングルチャネル・ショッパーに比して、マルチチャネル・ショッパーは1人当たりの購買額が大きいことが知られている（Kumar & Venkatesan 2005）。また利用チャネル数と購買の間には正の相関関係があることが知られている。Blattberg et al. (2008) は消費者の利用チャネル数と購買量の関係を分析し、利用チャネル数の増加に伴って購買量が増加する傾向にあることを示している（図3-2）。

　またCao & Li (2015) は企業業績のデータを回帰モデルにより分析し、チャネル統合のレベルが高まると小売業の業績成長が高まることを示している。また、Pauwels & Neslin (2015) はEC企業の実店舗保有が業績に正の影響を与えることをデータから検証している。Bell et al. (2017) は同様にECが実店舗を持つことで業績が向上し、さらに返品が減少することをデータから検証して

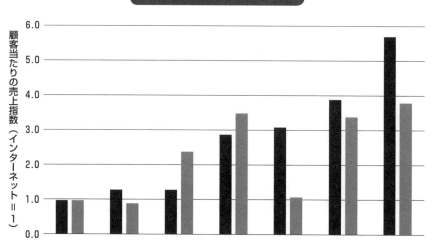

図3-2 チャネル利用と購買量

出典：Blattberg, R. C., Kim, B. D. & Neslin, S. A.（2008）Multichannel Customer Management. *Database Marketing*, pp.635-674. Springer, New York, NY.

いる。逆に、実店舗を起源とする小売企業がマルチチャネル化した場合について注意すべき影響が発生する場合があることが報告されている。Rapp et al.（2015）は実店舗のセールス担当者への調査を実施し、セールス担当者の売場をショールームと捉える認識が、業績にマイナスの影響を及ぼすことを明らかにしている。後述するように、実店舗の強みはセールススタッフによるサービスである。実店舗を起源とする小売企業がマルチチャネル化する場合、店舗スタッフのモチベーションが落ち、サービスの品質が低下することが無いように、先んじてインターナル・マーケティングの施策を展開する必要があると言えよう。

5 ▶▶▶ マルチチャネル・ショッパー対応のあり方

　前項で整理したようにマルチチャネル・ショッパーは1人当たり購買額が大

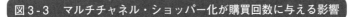

図 3-3　マルチチャネル・ショッパー化が購買回数に与える影響

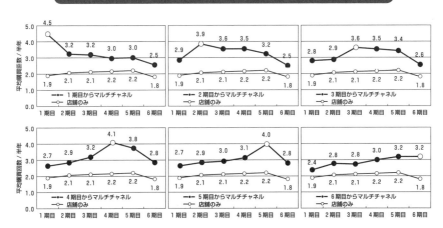

出典：松田芳雄(2017)「マルチチャネル顧客の分析方法——マルチチャネル顧客は優良か」『Direct Marketing Review』16, pp. 4-17.

きく、その対応を進めている小売業の業績は高くなる傾向にある。しかしながら、単純に小売業がチャネルを増やせば良いという話ではない。

　例えば、松田(2017)では、日本国内のファッション小売業の購買履歴データを分析し、マルチチャネル・ショッパーは複数チャネルを利用することを通じて優良顧客になったのではなく、もともと優良な顧客がマルチチャネル化したものであることを明らかにしている。具体的には図3-3のように、第1期に獲得した顧客14万2644人について各期の半年当りの平均購買回数をマルチチャネル・ショッパー化した顧客とマルチチャネル・ショッパー化せずに実店舗のみ利用の顧客別に分析している。

　図3-3では、上の折れ線の白抜きの丸印が実店舗のみからECも利用することになったマルチチャネル・ショッパー化した期を指している。マルチチャネル・ショッパー化する顧客は、マルチチャネル化前から購買回数が多いことが分かる。このことからマルチチャネル・ショッパーは複数チャネルを利用することを通じて優良顧客になったのではないことが分かる。

つまり、単にチャネルを増やせば良いわけではない。消費者がどのようにチャネルを捉え、利用しているのかを見きわめる必要がある。その上で、消費者の満足やより良い購買経験を実現するために、どのように各チャネルが役割を担うべきか、連携すべきか、を明確にした上で、マルチチャネル化を取り組むべきである。本項では、この問題意識に基づき、マルチチャネル・ショッパーによるチャネル利用特性に関する研究を以下でレビューする。

Verhoef et al. (2007) は各チャネルの位置づけについて調査している。図3-4では実店舗、EC、およびカタログが15属性の顧客認識の観点からどのように位置づけられているかが示されている。実店舗は購買リスクが低く、サービス、アフターサポートが高いチャネルとして評価されている。一方、商品検索の利便性では低く評価されている。ECは、逆に、商品検索の利便性が高いチャネルとして評価されている。一方、購買リスクが高く、サービス、アフターサポート、プライバシーなどは低く評価されている。これらの結果は10年以上前の数値であり、現在は多少異なる傾向にあると推測されるが、このようにチャネル間で評価されているポイントが異なることを知るのは非常に重要であることには変わりは無い。

またVerhoef et al. (2007) では、商品検索や購買を行う際のチャネル選択の決定要因となる属性について、回帰分析を用いて分析している（図3-4）。この結果は、商品検索チャネルとしてのEC利用には、商品検索の利便性、楽しさ、品揃え、情報比較、価格プロモーションが決定要因になることを示している。また、購買チャネルとしてのEC利用には、アフターサポート、楽しさ、購買リスク、サービス、プライバシーが決定要因になることを示している。逆に実店舗はこれらの属性の影響度が小さく、Verhoef et al. (2007) は検索や購買に実店舗を選ぶか否かには、属性よりも経験が強く影響するのではないか、と考察している。

またショールーミング（Verhoef et al. (2007) ではリサーチ・ショッピングと呼んでいる）にもチャネルによって傾向があることが示されている。図3-6は検索と購買のルート毎のショールーミングの人数比率についての調査結果であり、EC

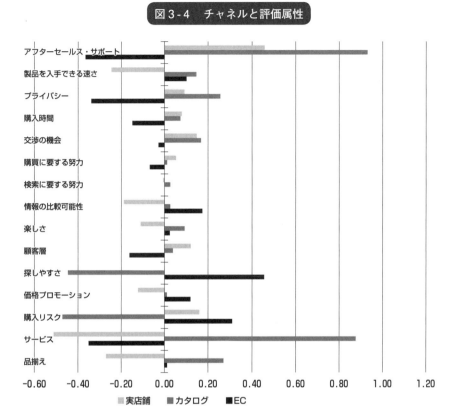

図3-4 チャネルと評価属性

出典：Verhoef, P. C., Neslin, S. A. & Vroomen, B.（2007）Multichannel Customer Management: Understanding the Research-shopper Phenomenon. *International Journal of Research in Marketing*, 24(2), pp.129-148.

で検索し、実店舗で購買する場合、ショールーミングの比率が一番多く、次いで、カタログで検索し、実店舗で購買するルートが多くなっている。一般にウェブルーミングと呼ばれる実店舗で検索し、ECで購買するルートはそれらよりも少なくなっている。このように、各チャネルは購買のみならず、コミュニケーション・チャネルとしても利用されている。そして、それらがどのように機能、連携しているかを把握しなければ、最適なマルチチャネルの形を構築す

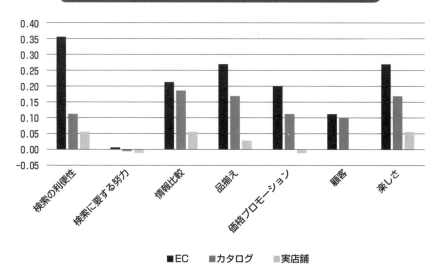

図3-5-1 検索のためのチャネル選択に与える態度の影響度

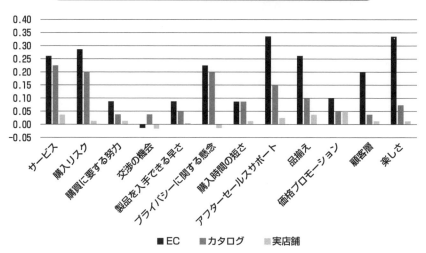

図3-5-2 購買のためのチャネル選択に与える態度の影響度

出典：Verhoef, P. C., Neslin, S. A. & Vroomen, B. (2007) Multichannel customer management : Understanding the research-shopper phenomenon. International Journal of Research in Marketing, 24(2), pp.129-148.

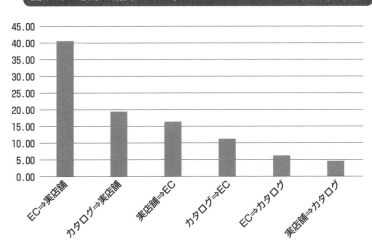

図3-6 検索→購買ルート毎のウェブルーミングの人数比率（％）

出典：Blattberg, R. C., Kim, B. D. & Neslin, S. A.（2008）Multichannel Customer Management. *Database Marketing*, pp.635-674. Springer, New York, NY.

るのは不可能だと言えよう。

　現在のオムニチャネル・ショッパーの実態を理解するためにはどのような研究が必要とされているか、については次節にて整理を行う。

2 オムニチャネル・カスタマー

　前節で「マルチチャネル・ショッパー」について解説を行ったが、言葉としてその先に来るのは「オムニチャネル・ショッパー」であろうと推察がされる。実際「omnichannel shopper」というキーワードは近年マーケティング研究の中にもよく現れるようになっている。しかし現実としては、一企業の2つ以上のチャネルから"同時に購買"もしくは決済をする人はほぼ存在しないであろうし、スマホを片手に、と表現されるように、同時に利用をするチャネルは「コミュニケーション・チャネル」であることが多い。したがって「オムニ

チャネル・ショッピング」は、ショッピングの意味を購買の意味からコミュニケーションや「ウインドーショッピング」のような検討段階まで拡張するか、もしくはショッピングを別の言葉で置き換えたほうが適切であろう。しかし、ショッピングという言葉にはどうしても購買・決済の意味合いが強く、その意味を拡張することは難しいと思われる。

また本章で後ほど取り上げる顧客エンゲージメントという概念も、「ショッピング」つまり購買時点だけではなく、顧客接点全体を踏まえた顧客との何らかの関係を示すことが多い。そこで本書ではオムニチャネル環境を利用する顧客を、購買時点に限ることなく、企業視点からマネジメントするという考え方に基づき、「オムニチャネル・カスタマー」と呼んでいくこととしたい。

その上で本節では、どのような顧客がオムニチャネル・カスタマーといえるのか、その行動面の特性を整理する。続いて消費者の利用するチャネルがオムニチャネル化することによって生まれる価値やオムニチャネル・カスタマーを捉える視点を議論してゆく。

1 ▶▶▶ 行動・意思決定面の特性

スマホもしくはアプリなどを通していつでもどこでも企業の商品やサービスの情報にアクセスしたり、企業側の商品在庫を確認したりすることは、オムニチャネルの時代へと遷る中で、チャネル選択の主導権が徐々に消費者に移行しているともいえる。それはオムニチャネルという考え方が、企業側の既存のチャネル統制、理論のみでは説明しきれない概念であり、消費者の側からも議論をすることに意義が見出せる。オムニチャネル・カスタマーの行動や意思決定における特性は、オンライン・オフラインの使い分けやスマホやアプリの駆使は当然といえるが、その他にも、購買時点に限らずモバイル端末を使って情報探索やコミュニケーション等を行っていることや、ショールーミング、ウェブルーミングといった点が考えられる。下記、順に解説を行っていく。

さまざまなチャネルを駆使するオムニチャネル・カスタマーと化した顧客の行動特性を洗い出していくと、まずは、オンラインのメリットとオフラインの

メリットを常に使い分ける（Rigby 2011）という点が挙げられ、そのオンライン上の行動が特にスマホなどのモバイルデバイスの駆使によってなされるという特性がある。

　モバイルマーケティングという言葉の定義を振り返ってみると、「企業と消費者の間における、ある提供物に関する2つの方向性もしくは複数の方向性をもつコミュニケーションとプロモーション」（Shanker & Balasubramanian 2009）と述べられたり、「双方向性を有する高い伝達能力と追跡可能性を有した低コストのコミュニケーションの実現手段」（新倉 2015）と述べられている。このことから分かることは、購買チャネルとしてだけでなく、SNS、チャット、動画視聴などを通じたコミュニケーション・チャネルとしてモバイル・デバイスが用いられていることである。小売業界はこれからモバイル・デバイスを活用した情報流を中心としたコンシェルジュモデルへと移行し、消費者をいかにサポートできるかが、配送や購買率よりも重要になるとも言われている（Brynjolfsson et al. 2013）。

　さらに、情報収集・意思決定がより前の段階から、またその時間・場所がいつでもどこでもなされる点にも特徴がある。実店舗を議論の対象とすることが多い「ショッパー・マーケティング」と呼ばれる分野では、消費者は非計画購買が多く、実店舗で多くの意思決定をしている傾向が紹介される（流通経済研究所 2011）。しかし、オムニチャネル・カスタマーは、実店舗で意思決定をするわけではなく、実店舗やECに来る前の、検討段階・情報収集段階から、モバイル・デバイスやSNSを駆使して意思決定を都度行っていたり、情報のアップデートを行っている。オムニチャネル化が進んだ企業による消費者の分析では、自宅にいるなどの来店前の段階と、実店舗に向かう移動の段階といった時点からウェブサイトなどにアクセスがなされ、実店舗や商品のことが検索され、それが実店舗の来店に繋がる様子が明らかになっている。企業サイドからすれば、購入の時点だけでなく、如何に使用・消費の段階、そして「検討」の段階に入り込めるかが重要となっているが、この3フェーズを企業としてオンラインの世界、オフラインの世界を問わずに把握していくことができていなけ

ればオムニチャネル戦略の成功はないといえる。

　次の購買行動の大きな特徴として、やはりショールーミングとウェブルーミングが挙げられる。店頭における情報収集、体験のみを行う「タダ乗り」(free-riding) 行為は、店頭の売上には繋がらず、大手ECに売上を取られてしまうことから企業側にとっては深刻な問題でもあるが、オムニチャネル・カスタマーの買物行動において、ECと実店舗を活用したリサーチショッピングを抑制することは不可能である。しかし、すでにショールーミング行動が顕在化しているにも関わらず、この行動に関する研究と理解は不足している (Rapp et al. 2015 ; Gensler et al. 2017) と指摘されている。Arora & Sahney (2018) による最新のショールーミング研究によれば、ショールーミング行動の全体像が把握できていないことが問題であるとし、2015年以降の重要な研究領域として提示しつつ、ショールーミング行動が店頭の収益減少 (Mehra et al. 2018) や店員のモチベーション低下 (Rapp et el. 2015) につながるといった負の面に言及している。

　ショールーミングは当然負の効果だけではなく、活用次第では消費者の購買行動を大きく変え得るメリットともなり得る。執筆時点ですでに、ショールーミングに特化し、店頭在庫を持たずにスペースを有効活用した上で、顧客が気に入った商品をフィッティングもしくは現物で確認する「ガイドショップ」を推奨する小売業が我が国でも次々に表れている。「Difference」や「H&M」の六本木テスト店舗などのアパレル、「ニトリ」などの家具・雑貨店、「メガネスーパー」など、リアルチャネルにおいて商品の詳細検討やカスタマイズなどの特別な行為が行われる財を扱う小売店が、個別店舗の在庫保持の考え方を根本から変えるなどして業績を向上させている様子が報じられるのは、ショールーミングや購入した品をすぐに持ち帰らなくてもよいといった行動がある程度一般化してきていることを示している。

　ショールーミングと並ぶ行動がウェブルーミングであるが、これと深く関係する行動特性のひとつが「店頭受け取りサービス」(Buy Online, Pick up in Store：BOPS) である。配送料などのコストを別とするのであれば、基本的には配送をしてもらうほうが便利であることはいうまでもないが、日本においても無印良

品、ヨドバシカメラ、ココカラファインなどがBOPSサービスを導入しており、ウェブルーミング顧客にオフラインの受け皿を提供し始めている。まだ数少ないBOPSについての研究実績を紐解くと、Gallino & Moreno (2014) はBOPS機能導入によってもたらされる効果として、店頭における非計画購買の誘発やオンラインカスタマーの実店舗への誘導などを挙げており、さらに店頭在庫の可視化がROPO (Research Online, Purchase Offline ≒ ウェブルーミング) の増加をもたらすことも示している。他にもGao & Su (2017) は、BOPS機能導入がもたらす価値のひとつとして、在庫がない可能性があるという知覚リスクを低減させることができる点などを指摘している。

このように、ショールーミングやウェブルーミングも、新たな機会やプラスの効果をもたらすという視点を含めて検討をしていくことが、今後の消費行動の解明やオムニチャネル・カスタマーを前提とした提案に繋がるのではないかと考えられる。

2 ▶▶▶ 新しい価値面

モバイル・デバイス上で動作するアプリの駆使など、行動特性の中に新たな価値が表れてきていることも、オムニチャネル・カスタマーの特徴のひとつとして挙げられる。

アプリの活用はファッション・アパレルの分野などで特に顕著であるし、無印良品の「MUJI passport」などの先進事例からは、アプリ上で実現されている、決済機能や事前の注文機能、在庫確認機能、プロモーション機能、カスタマイズ機能、お気に入りなどのメモ機能、ユーザー間の交流機能やクチコミなどの評価機能、位置情報を活用したチェックインや回遊の誘発機能、ポイントの蓄積、既存のID連携、さらにはゲーム的機能など、さまざまな機能が統合された環境を利用していることが分かる。

ゆえにアプリ利用には、「時間潰し」(Thakur 2018) やポイント獲得、ポイント残高や過去履歴の確認、通勤中などの習慣的・惰性的な利用といった、購買やマーケティングとは一線を画す、今までにない目的での利用や、新しい価値

が実現されることもしばしばである。モバイル・デバイスやアプリによって新たな価値が生み出されている現実もあれば、既述した「タダ乗り行為」や、ポイント蓄積のみにアプリが利用されるといった、負の側面も生まれている。

アプリ以外に、先に紹介したBOPSについても、わざわざオンラインで注文をして実店舗に足を運ぶことは、受け取りの実店舗に行って、目的以外のものも含めて買物をすること、もっと広くは外に出ること自体に価値を見出していると言える。これは功利的買物価値よりも、快楽的買物価値が勝るからではないかと推察される。著者らが所属する研究会では、BOPSを行う消費者は、実店舗来店時にオンラインで事前注文したもの以外にもより多くのものを買うこと、一部年齢層の高い群にBOPSをする傾向があることなどを確認している。こうした行動からは、特定企業・特定店舗の利用はあくまでその消費者・顧客の購買行動の一部であり、他企業・店舗、購買以外の行動を含む全体の顧客経験や、功利的価値や利便性以外の快楽的、感情的要因なども含めて考える必要があることを示している。快楽的消費の概念については、顧客経験などを併せて第Ⅲ章4節でも議論しているので、そちらも参照されたい。

買物価値という観点では、功利的、快楽的に続く3つ目の要素として、社会的買物価値があるとされる (Rintamäki et al. 2006)。オンライン、オフラインを問わず、好きな実店舗やEC、ブランド、そして消費者間との繋がりから生まれる価値である。Huré et al. (2017) は、功利的・快楽的・社会的の3つの買物価値を、オンライン、オフライン、モバイルの3チャネルで測定し、「Omni-Channel Shopping Value」＝「オムニチャネル買物価値」の測定を行っている。この研究で興味深いのは、企業が提供するオムニチャネル戦略の完成度が買物価値へ与える影響も測定している点である。このような買物価値のモデル化がオムニチャネル・カスタマー理解の一助となると言えるだろう。

しかし、このようなオムニチャネル環境下における消費者への提供価値の実証研究は着手が始まったばかりであり、測定手法も改善の余地が大きい。本章で見てきたように、複雑化する購買行動の定量的理解と理論的妥当性を踏まえ、定性的理解を加えたオムニチャネル時代の消費者理解を進めていくことは

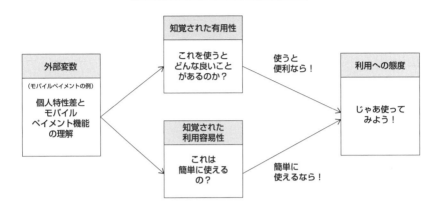

図3-7 技術受容モデル援用事例

出典：Technology Acceptance Model: TAM. Davis, F. D., Bagozzi, R. P. & Warshaw, P. R.(1989) User Acceptance of Computer Technology: A Comparison of Two Theoretical Models. *Management Science*, 35(8), 982-1003. に加筆修正。Kim, C., Mirusmonov, M., & Lee, I. (2010). An empirical examination of factors influencing the intention to use mobile payment. *Computers in Human Behavior*, 26(3), pp.310-322.

喫緊の課題である。

3 ▸▸▸ オムニチャネル・カスタマーを捉える理論枠組み

　オムニチャネル戦略の進展においてデジタル、ICT の活用は欠くことができない重要な要素であるが、日々新しいテクノロジー、ハードウェア、システムに直面している消費者理解に必要かつ一助となる理論を提示したい。

　まず第1に技術受容モデル（Technology Acceptance Model：TAM, Davis et al. 1989）である。情報システムを利用する人間の行動理解を目的に提唱されたモデルであり、人々が情報システムを受容する要因を分析するモデルとして広く利用されている。図3-7にTAM の概念図を示す。

　このモデルは、一言でいうと「簡単・便利」に着目をしたものである。個人の情報システム利用に至る要因として「知覚された有用性」、「知覚された利用容易性」、「利用への態度」と「利用への行動意図」の4要因を挙げている。モ

バイル・ペイメントや、企業が提供するアプリケーション型ロイヤルティ・プログラムといった新技術の上で稼働するシステムを現代の消費者がどのように知覚し利用するのかを理解するには、このモデルは今後の高い汎用性を持って消費者理解の一助となるであろう。実際に Kim et al. (2010) はモバイル・ペイメントの受容プロセスをこのモデルをベースに実証をしている。

　またショールーミングやウェブルーミングのような一連のカスタマー・ジャーニーを、心理学における態度と行動の相関を理解する上での一助となるのが、Ajzen など (1967) によって提唱・改良されてきた合理的行為理論 (Theory of reasoned action) や計画的行動理論 (Theory of planned behavior) である。両理論によれば、行動への個人的態度と、その人にとって重要な人がその行動に賛成するか否かについての信念 (主観的規範 = subjective norm) や行動の統制感 (perceived behavioral control) が行動意図に影響を与えるとされる。オムニチャネル環境下では多くの情報源が意図や行動に影響を与えていると思われるが、例えば「行動統制感」といった要素を考え得ることなどが、こうしたモデル・理論に基づき、オムニチャネル・カスタマーを理解していくことの利点のひとつと言えるだろう。

　技術の進歩進展が、当たり前になっていく過程における消費者行動の変化は普及理論においても解説が可能である。今後の研究においてオムニチャネル研究はますます学際的な理解、特に心理学、社会学からの理論適応と応用が求められていくことであろう。

3 カスタマー・ジャーニーと顧客接点

　これまで2節にわたって、消費者の利用チャネルがマルチチャネルからオムニチャネルへと変容していくこと、またその特性やその存在をどう捉えるのかについて議論をしてきた。本節ではオムニチャネルという複雑な環境にいる消費者を捉え、またその消費者にどうアプローチするかという観点から、カスタマー・ジャーニーと顧客接点を、続く4節で顧客経験を取り上げる。

1 ▶▶▶ 顧客接点とカスタマー・ジャーニーの議論の流れ

　小売企業によるオムニチャネル環境の整備により、消費者はモバイルを介していつでもどこでも商品の情報収集ならびに購買が行え、そして、受け取り場所や受け取り時間も選ぶことが容易になってきた。このことは、購買に関わる場面以外においても消費者が企業と接することが容易になっていることを意味する。消費者が企業といつでもどこでも繋がることを容易とするモバイルを介した顧客接点を通じて、これまで消費者の購買プロセスを部分的にしか捕捉できていなかったものが、消費者の購買に至るプロセスの多くを捕捉可能となってきている。

　加えて、消費者は一企業の提供するチャネルやメディアを越えて、さまざまな企業との接点を増してきている。この消費者との接点を顧客接点あるいはコンタクト・ポイント、またタッチ・ポイントなどと呼ぶ。まだオムニチャネルという言葉が登場する前の「経験価値マーケティング」に関する議論が盛んとなった2000年代から、この用語は実務やマーケティング研究においては認識されてきた。特にDavis & Dunn (2002) の邦訳が「コンタクト・ポイント戦略」という題名で紹介され、ブランドマネジメントの視点で解説がなされたことで、顧客接点に注目がなされたものと考えられる。顧客経験と顧客接点はその当時から議論がなされており、同じく邦訳が出ており、認知度の高いSchmitt (2000) も、「経験価値グリッド」という枠組みにおいて、「コミュニケーション、アイデンティティ、製品、コ・ブランディング、空間環境、ウェブサイト、人間」という7つを「経験価値プロバイダー」としているが、これらは顧客接点そのものと考えることができる。

　デバイスやテクノロジーが進化した現在では、デジタルデータでその行動が捕捉可能である点が多くなってきたことと、その各顧客接点において生じる顧客経験がますます複雑化してきたことなどから顧客との接点に再注目がなされ、さらにそこでの顧客経験を捉えるべく、企業側においてカスタマー・ジャーニー・マップの描写が頻繁に取り上げられるようになったと言えるだろう。

　カスタマー・ジャーニーとは、消費者が(自社)商品やサービスを購入する

前から購入そして購入後に至るプロセスを旅のように時間軸で捉えようとする概念である。これを描写したものがカスタマー・ジャーニー・マップであり、消費者の購買前から購買、そして購買後の行動に至る一連のプロセスにおける企業との接点と消費者の反応との対応関係を時系列で描写したものである。カスタマー・ジャーニーを描写する際には、自社の重要な顧客像となるペルソナを1つないし複数対象にして行われる。

カスタマー・ジャーニーに注目が集まるのは、顧客との自社内外の接点で生じる顧客経験を把握することで企業側が顧客との接点や顧客経験の一部および全体をデザインするためである。カスタマー・ジャーニーやそのマッピングについてはさまざまな文献で取り上げられているが、例えば Kotler et al. (2017) による「マーケティング4.0」においても、ひとつの章（邦訳書第5章）を使ってこの用語が解説されているほど重要視されており、マーケターの役割は認知、訴求、調査、行動、そして最終的な「推奨（Advocacy）」段階に至るまでの顧客のジャーニーを道案内することだ、とも述べている。

カスタマー・ジャーニー・マップの源流のひとつは、サービス・マーケティング研究におけるサービス・ブループリント（service blueprint）(Bitner et al. 2008；Lovelock 1984；Shostack 1984) である。このブループリントはいくつかの種類があるが、有形財を中心としたマーケティング・ミックス（4P）に対し、サービス・マーケティングにおいて加えられた、プロセス（process）、人（people）、物的証拠・設備環境（physical evidence）の3Pに着目する形で、消費者との接点におけるサービス品質や顧客満足などを描写するものである。

2 ▶▶▶ カスタマー・ジャーニー・マッピングへ

サービス・ブループリントをより消費者起点で記述したものがカスタマー・ジャーニー・マップである。この手法は、顧客経験の記述方法のひとつであり、ブループリント同様にサービス・デザインの描写ツールのひとつでもある。サービスの特性には、生産と消費の不可分性があり、そのため、サービスの生産場面に消費者が関わるという相互作用性を有し、サービス品質や顧客満

足の形成要因として顧客自身が大きく関わる。そのため、サービスの受容者である顧客を起点にサービスをデザインすることが重要視されてきた。

　このカスタマー・ジャーニーと関連した概念として、消費者行動研究における購買意思決定プロセスや消費者の広告に対する反応階層モデル（AIDA, AIDMA, AISAS）などが挙げられる。

　前者の購買意思決定プロセスは、消費者行動研究において消費者の購買に関わる意思決定を段階的に捉えた枠組みである。この購買意思決定プロセスでは、消費者の購買に関わる意思決定を問題認識・情報探索・選択肢評価・購買・購買後評価の5段階で捉える。購買意思決定プロセスとカスタマー・ジャーニーは、前者が概念モデルであるのに対し、後者は主に企業やその商品・サービスと顧客との接点を通じた顧客による具体的な行動や反応を記す点で大きく異なる。デジタル化が進む昨今においては、購買意思決定プロセスのリアルタイム捕捉および可視化が重要となってきている（奥谷 2016）。

　一方の広告反応階層モデルは、広告効果に関する研究で行われた消費者の広告に対する反応を階層別に捉えたモデルである。この広告階層モデルは消費者の購買を刺激 – 生体 – 反応といった枠組みで捉える概念モデルである刺激 – 反応型モデルを前提とし、広告などの刺激に対する消費者の反応を明記した形である。主に広告業界において提示されたモデルであり、広告により消費者の反応（成果）を得られるように目的を段階別に示している。広告反応階層モデルは消費者の商品やサービスの認知から購買あるいは購買後の行動までの過程を、刺激と反応の関係から刺激の効果を把握するものであり、購買ファネル（漏斗）型である。その一方で、カスタマー・ジャーニーは消費者側の立場から心理変容や行動をもたらすさまざまな顧客接点と顧客の心理面や行動面の状態や変容を明記するものであり、繰り返し購買が行われることを前提に時系列ないし循環型が想定されている。

　このカスタマー・ジャーニーは、消費者行動研究においては購買前・購買時・購買後の3段階で捉えられている。これに関連して、顧客がサービスを評価し満足（不満足）が形成される決定的瞬間を指す真実の瞬間（Moment of Truth）

への着目がなされて以降、購買前・購買時・購買後に対応する形で真実のゼロの瞬間（Zero Moment of Truth）、真実の最初の瞬間（First Moment of Truth）、そして、真実の第二の瞬間（Second Moment of Truth）が注目されるようになった。こうして購買前・購買時・購買後それぞれの段階での真実の瞬間が重要であるとして、各段階における顧客経験や顧客接点に着目がなされてきた。

　前述したように企業と消費者との接点において顧客経験が生まれるため、こうしたカスタマー・ジャーニーにおける顧客接点管理をはじめとした顧客経験マネジメントが重要となる。その際、自社が保有および管理する顧客接点のみならず、コントロール度が低いものや完全にコントロール外の顧客接点についても理解する必要がある（Lemon & Verhoef 2016）。上述したコトラーらが説くカスタマー・ジャーニーは、各段階において顧客接点を議論しているが、現実として顧客の認知を企業側がコントロールやマネジメントをすること、その顧客本人でなく他者や外的影響までをデータで捕捉することは非常に難しく、基本的には企業のコントロール外の領域も含めた考え方と言えるだろう。日本の事例でいえば、例えば朝野（編）(2016) で紹介されているカスタマー・ジャーニー・マッピングの例の「消費者行動図鑑」なども、コントロール外を多く含むものとなっているが、企業のコントロール外の領域で何が起こっているかを知るための消費者調査を実施しなければ、描けないカスタマー・ジャーニーであろう。

　捕捉ができないものはコントロールも基本的に難しいと考えられるが、デジタルマーケティングなどで述べられる観点やオムニチャネルと合わせて議論されるカスタマー・ジャーニーは、図3-8に博報堂が解説しているような「（コンサルや外部サービスなどとの連携・協力を得ることを前提とした）自社での捕捉、コントロールが可能な範疇」で描くものもある。

　Lemon & Verhoef (2016) は、顧客接点には4つのタイプがあるとしている。自社のコントロール下にあるブランド・オウンド、企業同士の取引や連携等によって実現されるパートナー・オウンド、企業のコントロール外となるカスタマー・オウンド、そして最後が重要な役割を果たすとされているソーシャル／

第Ⅲ章　オムニチャネル・カスタマーへの変遷とその理解　83

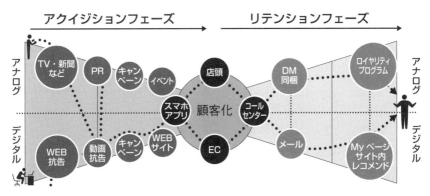

図3-8　購買ファネルとカスタマー・ジャーニーを記述した例

出典：博報堂DYグループ"生活者データドリブン"マーケティング通信（http://seikatsusha-ddm.com/article/00458/）2018/12/05最終閲覧.

外部／独立のタッチ・ポイント（顧客接点）の4つのタイプである。前者2つが企業主導で、コントロールできる面が多く、後者2つが消費者主導で、コントロールがしにくいかもしくはコントロール外、となる。

　企業のコントロールが難しい顧客接点が数多くあるため、ペルソナを前提とした定性的な判断や図解がなされることが多いと考えられるが、企業からのコントロールがしやすい範疇は、具体的なデータをもってして、量的に語られることが多い。質的調査・量的調査という点では前者は探索的・仮説発見的に用いられ、後者は確認的・検証的に用いられるともいえる。カスタマー・ジャーニーのマッピングにも、これまでの市場調査にあるような質的・量的の両方のタイプが存在することを想定して、自社に役立つジャーニーの理解、マップ作りをするとよいだろう。

　実店舗やチェーン、もしくは企業に対する満足（不満足）が生まれ、消費者はその対象に対してロイヤルティを形成すると考えられる。

　オムニチャネル戦略において重要なのは、小売企業側のチャネルやメディアの連携そのものよりも、企業側が連携するさまざまなチャネルやメディアと接

した際に形成される顧客経験である。オムニチャネル（戦略）の定義でよく用いられるシームレスな買物経験などは、企業が提供するECや実店舗のスマホを介した行き来における繋ぎ目の無い（シームレスな）買物経験を指すものであり、企業が提供する各種サービスのチャネルを跨いだ顧客が知覚する一貫性が重要となる。そのため、企業側は、顧客の自社に関わるカスタマー・ジャーニーを把握し、消費者との接点やそこでの顧客経験を踏まえた上で、チャネル連携やオムニチャネル戦略を構築する必要がある。しかし、カスタマー・ジャーニー・マッピングには「特定の型がない」ことが指摘されており、そうした意見を踏まえて、朝野（編）(2016) は、利用目的に合わせて柔軟に設計を行う必要があるとしている。

以下、第4節において、カスタマー・ジャーニーにおける顧客経験を、第5節では、取引行動としてロイヤルティと取引を超えた行動として顧客ロイヤルティを取り上げ、さらにロイヤルティとエンゲージメントの双方に対し、顧客満足が影響していることを記す。

4 顧客経験の概念化、促進要因、成果、測定

本書のオムニチャネルの定義には「（シームレスな買物）経験」という言葉が含まれていることや、第1章の**表1-1**で顧客経験の系譜を示したように、オムニチャネルの進展と顧客経験は同時に考えていくことが求められる。実店舗でのショールーミングやECでの在庫確認などはもはや当然の時代になっており、こうした在庫確認などを含む顧客経験をどうカスタマー・ジャーニーとして描くかが重要であることは、これまでも説明をしてきた通りである。本節では顧客経験という概念がどのように議論されてきたのかを振り返り、それがどのように測定・促進されたり、成果につながるのかについてこれまで議論されてきた研究や事例などを基に紹介してゆく。

顧客経験は、Lemon & Verhoef (2016) によると「多面的な構造を持ち、購買プロセス全体を通して発生する、企業の提供物に対する顧客の認知的、感情

的、行動的、感覚的、社会的な反応」と述べられている。またユーザー体験（User Experience）などと称されることもあり、CX や UX と略されることもある。表現として主体が顧客、消費者、ユーザーなどで揺れ、また「体験」と「経験」でも揺れているのが現在ではあるが、本書では、もし厳密な言葉を定義するのであれば、より広義としては「消費者経験」、個別具体的な顧客接点を表現するような狭義としては「顧客体験」などとしたほうがよいと考えているが、消費者という言葉を使っている例も多くないため、本書では「顧客経験」の単語を主に用いていく。

1 ▶▶▶ 顧客経験の議論の流れ

　顧客経験という言葉ではないが、似た考え方は我が国でも古くから確認される。森（2016）は、ソニーが1951年に H 型というポータブルテープレコーダーを発売した際の考え方が、今の時代の顧客経験であると述べている。GHQ と文部省が「視聴覚教育」を唱えはじめた当時、その重要性や教育の場での録音機の使い方を説いて回り、買って下さいと一言も言わなかったことを取り上げ、マーケティングの原則のひとつとしての「製品というハードを売っているのではなく、そのユーティリティとソフトウェアを売っている。その意味で情報産業なのだ」という言葉や、そう盛田昭夫氏が看破していたことを紹介している。

　しかしアカデミアにおいては経験という概念に注目が集まるまではしばらく時代を待たねばならない。特に焦点が当たったきっかけとしては、非常に引用されることの多い Holbrook と Hirshman による1982年の「快楽的消費」と「消費の体験的側面」についての2つの論文が挙げられる（Hirshman & Holbrook 1982, Hirshman & Holbrook 1982）。これ以前の消費者行動は、1960-1970年代の意思決定モデルや1970年代の「認知」を中心とした評価に議論の焦点があった（第Ⅰ章表1-1参照）。つまり、要素分解しやすい物性や機能で科学的に計算・説明しやすい商品の評価やその選好、それに基づく意思決定などが議論の中心であった。1970年代は日本においてもやっと耐久消費財が普及し、政府調査でも物

質的な豊かさだけでなく心の豊かさが議論されはじめ、物質的な商品の消費だけでなくサービスの消費も盛んになっていった時代であり、例えばスポーツ観戦や芸術鑑賞などの感情・情緒が重要となり、機能・物性や認知では説明がしづらい消費行動も行われるようになる。モノの消費だけでなく、コトの消費をどう捉えるか、という観点が必要性を増してきたところに、彼らの論文が出てきたわけである。彼らは快楽消費を、製品を使用する過程における多感覚的経験とし、消費経験論を確立した上で、消費者の「ファンタジー、フィーリング、ファン」という3つの『F』に注目した消費行動であることを示した。この概念確立を基盤に快楽消費、消費経験論の研究分野が開拓されて行くことになる。

　モノからコトへのシフトはマーケティングのパラダイムシフトとも表現されるが、そのシフトにおいては顧客経験が最重要であるとも指摘されている（井関・藤江 2005）。ただし、「快楽」(Hedonic) という言葉はどちらかというと計算のしにくい「感情・情緒」に近く、経済学的に計算される「効用」(Utility) の対照的な位置としてのニュアンスがあり、1980年代ではまだ経験という議論が、一般的な商品の利用・消費を含んで広く本格的に盛んに行われたわけではない。実務の分野を含めた、商品利用などを踏まえた経験の広い議論には2000年前後まで時を経ることとなる。

　2000年前後、当時は顧客経験ではなく「経験価値」という呼ばれ方が多かったが、広告代理店などとの関係もあって邦訳が出ており、我が国においてよく引用されるのは Pine & Gilmore (1999) や、B. H. Schmitt の著書 (1997, 2000, 2003；1997は Simonson との共著) などである。この時代に経験価値に議論が集まった理由は、恩藏 (2007) も述べるように低価格競争からの脱却、「脱コモディティ化」にある。Pine & Gilmore (1999) による、経済価値がコモディティ、製品、サービス、経験と進展するにあたって、差別化の程度が高まり、価格競争が激しくなくなることを示した図（邦訳書 p.123を参照）などは、まさにその目的を踏まえた代表格と言えるだろう。コーヒー豆はコモディティで kg などの重さ単位で取引がされるが、店頭での経験にこだわったスターバックスでのコー

ヒーだと高く売れる、といった具合である。また彼らは経験を捉えるための「4E領域」としてEntertainment：娯楽、Education：教育、Escapist：非日常、Esthetic：美的などの枠組みも示しており、実際に経験価値を訴求する上では非常に参考になるが、一方で包括的な枠組みでない点も指摘できる。

第Ⅰ章表1-1にあるように、2000年前後も経験という概念に関連する研究は行われてきたが、当該表は広い視点では消費や行動研究の研究そのものと言える。そう捉えると、消費者行動研究がそのまま顧客経験としておさらいする領域ともなり得るが、それでは議論が広くなり過ぎてしまうため、以降本節では特に2000年前後以降に焦点を当てるものとする。

先のSchmitt (2003) では、経験価値は5つの要素から成るとしており、その5つは五感を通じて得られる感覚的経験「Sense」、情緒的な経験「Feel」、創造的・認知的経験「Think」、肉体的・行動的経験「Act」、準拠集団や文化との関連付け・関係的経験「Relate」としている。この5つの要素は、先に紹介したLemon & Verhoef (2016) の顧客経験の定義、「認知的、感情的、行動的、感覚的、社会的」によく似ていることからも、Schmittのこのフレームワークが有用であることがわかるだろう。

2 ▶▶▶ 顧客経験の測定例

伊藤ら (2004) は、情緒的経験Feelを、気持ちが高揚する情動反応「Feel-upbeat」と気持ちがリラックスする情動反応「Feel-warm」に区分をした上で、5つの経験価値を測定する尺度「EX-Scale®」を開発したことを紹介している。この尺度には先のHolbrookも2007年に言及をしつつも詳細が公開されていないと記している (Holbrook 2007) が、益田 (2007) はその尺度の開発プロセス、16の全質問項目、集計方法や尺度の検証結果などを詳しく紹介している。経験の各因子を尋ねる2つもしくは3つの質問のうち、いずれかに「非常にそう思う」と回答した比率を「EXスコア」として、その比率が「Act」と「Relate」については30%以上、それ以外の因子については40%以上というラインを超えたときに、その経験が訴求できる、という、過去の調査に基づく具

体的な程度まで解説している。比較的早い段階で経験を包括的に尺度化・定量化し、実践を紹介している例としては非常に有用な文献であると言えるだろう。太宰（2008）はファミリーレストランの食育の取り組みにおいて同尺度を実用しているが、実際にその程度がサービス提供元の企業への評価や現場の実態としても整合性が取れている面を確認している。

3 ▶▶▶ 個人の識別からはじまる顧客経験

　2000年前後の経験価値に関する議論以降は、時代を反映してインターネットやモバイルもしくはモバイル・アプリケーション、さらにはウェアラブルなどの利用デバイス面、マルチ・クロス・オムニといった複数チャネルを跨ぐかもしくはシームレスに行き来する点、SNSの利用や社会的関係などより広範囲に経験を捉える視点、前節で紹介したようなサービス研究視点など、経験について非常に多岐にわたるトピック・キーワードが現れる。引用数の多い文献における具体例としては、ECが普及し始めた際には、オンラインにおける顧客経験として没入状態を指す「フロー」が重要であること（Novak et al. 2002）、スマホが普及直前の時期と考えられるVerhoef et al.（2009）の顧客経験を創造する包括的な概念モデルに「社会環境」や「サービス接点」が盛り込まれていること（山本（2011）による訳や考察も参照されたい）などである。今後はさらに経験の中に、スマートスピーカーやAI・ロボット、VRやARの利活用といったテクノロジーも議論に含まれていく時代となっていくが、多様化する顧客接点を包括的に考えることは重要であり続けるであろう。

　ただし、第Ⅰ章以降で言及をしてきたように、顧客経験を考え、実際オムニチャネル戦略を実行する企業目線では、顧客を中心とする考え方、つまり顧客中心主義が非常に重要となる。「ワン・トゥ・ワン・マーケティング」の著者としても我が国でも知名度の高いPeppersとRogersは、著書（Peppers & Rogers 2016）の中で多くの企業が顧客経験を狭い視点で捉えており、製品中心主義とは異なることや、真の顧客中心主義となっていない点を指摘しつつ、製品中心主義は各製品のもたらす価値を最大化し、マーケットシェアの獲得を目

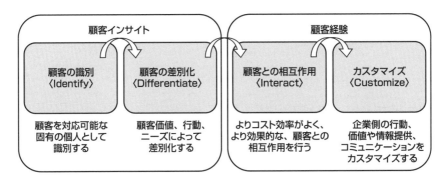

図3-9 顧客関係性管理における経験価値の位置づけ

出典：Peppers, D. & Rogers, M.（2016）*Managing Customer Experience and Relationships: A Strategic Framework 3 rd Edition*, Wiley., に加筆修正．

指す考え方だが、顧客中心主義は顧客の各価値を最大化し、顧客ニーズの獲得を目指す考え方であることを説明している。

　一方で、顧客中心主義を達成し、顧客経験をより包括的で広い視点のものを理解することは重要だということが分かったとしても、千差万別となる顧客経験やカスタマー・ジャーニーには対応しきれないのでは、という懸念もある。顧客経験の測定は、前節で解説したように購買の前後だけでなく、多様な顧客接点を含む概念であるが、カスタマー・ジャーニーを含め、各段階における全顧客接点をカバーする測定手法は、現在の研究では断片的なものにとどまっているとされており、今後の研究課題となっている（Lemon & Verhoef 2016）。

　さらにはその顧客経験に対して「企業側のマネジメントもしくは企業側からのアプローチが可能かどうか」という点もまた重要である。Peppers & Rogers（2016）では、顧客経験を含む関係性管理のために、具体的にIDIC (Identify, Differentiate, Interact, and Customize) という4ステップを示しており、前半2ステップを顧客インサイトの部分、後半の2ステップを顧客経験としている（図3-9参照）。顧客経験の考慮の前に対応が可能な個人の識別や、製品ではなく顧客の差別化という順序があることは、経験を作る以前に、企業側からのア

プローチが前提であることを示しており、経験を考える際の順序としても参考になるのではないだろうか。

　本節の結びとして、顧客経験と「ブランド経験（体験）」への発展を述べたい。何かを体験・経験してブランドを感じることはよくあると思われるが、ブランドと経験を広く論じた青木（2006）は、「経験価値は、要素還元主義的で機能的特性と便益を重視する伝統的マーケティングを批判する立場」とし、経験価値こそがブランドと顧客のライフスタイルを結びつけられるとしている。つまり、経験によって、企業や経営者が非常に求めているブランドが形成されていくということである。田中（2018）はブランド経験の測定や実務への応用などを紹介しているが、ブランド経験を「ブランドによってもたらされる顧客の反応や行動」と定義し、2010年代になって本格的に取り組まれたことを紹介している。今後は非常に蓄積のあるブランド研究というテーマと並行して顧客経験の議論がなされることになるだろう。なおブランド経験については第Ⅳ章で詳述する。

5　顧客ロイヤルティと顧客エンゲージメント

　本節では、小売企業におけるデジタル環境下の顧客戦略のひとつであるオムニチャネル戦略において、ますます重要となる顧客ロイヤルティと、新たに注目を集める顧客エンゲージメントを取り上げる。

　ロイヤルティの高い顧客の識別と優遇策を通じた優良顧客の育成・維持や囲い込みを行う際、これまでは顧客の購買履歴データなどの取引データが主に用いられてきた。デジタル環境下においては、ウェブサイトの閲覧履歴ないしスマホアプリの利用履歴や使用後の評価の書き込み情報など、購買前から購買後に至る顧客のさまざまな行動データに加え、顧客エンゲージメント行動と呼ばれる顧客の購買外での行動に関わるデータを用いた対応が可能となってきている。優良顧客のみならず顧客ポートフォリオ全体にわたる顧客をマネジメントする上でも、個々の顧客のロイヤルティやエンゲージメントに関わるデータを

取得、活用していく必要性が増してきている。

　以下では、まずは顧客ロイヤルティについて取り上げ、続いてロイヤルティ概念の発端となったブランド・ロイヤルティ概念と、顧客ロイヤルティが取り挙げられた背景についてみていく。

1 ▶▶▶ 顧客ロイヤルティの議論の流れ

　ロイヤルティという概念が用いられたのは、1950年代に行われたブランドを対象としたブランド・ロイヤルティ研究が発端となる。当初、ブランド・ロイヤルティは特定ブランドの反復購買を指し、行動面から捉えられてきた。しかしながら、当該ブランドに対する選好の結果として行われる反復購買と、価格や店頭の配架状況やその他の外的要因によって選好を伴わない反復購買を識別するため、行動面と態度面の両視点から捉える必要性が提示された（Dick & Basu 1994）。加えて、消費者の認知・感情（態度）・行動意図・行動といった4段階でロイヤルティを捉える視点も提示されている（Oliver 1999）。

　顧客ロイヤルティとは、顧客による特定企業の商品やサービスの反復購買あるいはその傾向のことである。顧客ロイヤルティは、マス・マーケットおよびセグメントマーケットから個人の消費者へ、新規顧客の創造・開拓から既存顧客の維持（リテンション）へ、不特定多数の顧客から優良顧客へと、マーケティングの重点が移り変わるなかで取りあげられてきた概念である。

　顧客ロイヤルティが提示された背景には、データベースの進展とその活用を通じた企業による優良顧客の識別があった。こうしたデータベースに用いられたのはPOSデータやID-POSデータである。POSデータは、アメリカや日本において1970年代から実用されはじめた（流通システム開発センター 1988）。データベースを用いた優良顧客を識別するための指標として顧客生涯価値（LTV：life time value）やRFMがある。RFMとはそれぞれ最新ないし直近購買日（Recency）、購買頻度（Frequency）、購買金額（Monetary）である。こうしたデータベースの構築・活用や優良顧客の指標化によって個々の顧客が識別可能となり、既存顧客の財務面での重要性が示されることで新規顧客の獲得から既存顧

客の維持が重要視されるようになる（Fornell & Wernerfelt 1987；Reichheld & Sasser 1990）。

　顧客維持においては、それまで重視されてきた市場シェアではなく、個人の顧客の購買金額におけるシェア、すなわち、顧客シェアが重視される。その後、企業にとって顧客は資産価値として捉えられることとなる。例えば、顧客ロイヤルティの他、カスタマー・コンピタンス（Prahalad & Ramasway 2000）やカスタマー・エクイティ（Blattberg & Deighton 1996；Blattberg et al. 2001）などは顧客を資産として捉えようとする視点の例である。こうした優良顧客の育成や維持を目的に、これまでFSP（Frequent Shoppers Program）やロイヤルティ・プログラムなどのCRM（顧客関係管理）が展開されている。企業はCRMを通じて、優良顧客を育成・維持し、顧客による自社製品の継続購買の他、アップセルやクロスセルを促進する。

　この顧客ロイヤルティの先行要因としては、顧客満足がある。顧客満足は、マーケティング・コンセプトにおける顧客志向に代表されるように、マーケティングにおいて重要な概念である。顧客満足は、購買前の事前期待と使用・消費後の成果とのギャップにより生起し、購買前の事前期待からも影響を受ける。この顧客満足が顧客ロイヤルティ、ひいては経営成果に影響する。

2 ▶▶▶顧客エンゲージメント

　小売企業によるオムニチャネル戦略、広くは、デジタル環境下におけるSNSなどの広がりにおいて、消費者の企業やブランドに対する発信が増える中で着目を集める消費者によるエンゲージメント行動を取り上げる。企業はロイヤルティといった取引行動だけでなく、取引を越えたエンゲージメントの両方での顧客経験や顧客とのインタラクションを有することが求められている。例えば、自社の企業HPなどのオウンド・メディアにソーシャル・メディア機能を完備したり、FacebookなどのSNSプラットフォームで公式アカウントを取得し運用することで、顧客の自発的なクチコミを誘発したりすることがその一例となっている。

このエンゲージメントが注目を集めるのは、企業における顧客価値の直接的な金銭で換算される顧客生涯価値以外にも、顧客は企業に対し、間接的な金銭価値や金銭に換算されない価値を有しているという点が評価されはじめたからである。企業における顧客の価値としては、大きく2つに分けられる。ひとつは、顧客ロイヤルティの結果として直接的な金銭で換算される顧客生涯価値である。もうひとつは、エンゲージメントによって生まれる直接的には金銭で換算されない顧客の価値であり、顧客紹介価値、顧客影響価値、顧客知識価値などが挙げられている（Kumar et al. 2010）。

　顧客エンゲージメントは、消費者や顧客の自発的、能動的な企業への関わりを指す概念である。この顧客エンゲージメントの定義としては、その行動面のみを対象にしたものと、心理的な側面のみ、そしてその両方を対象にした定義などに分かれる。行動面のみを対象にした定義においても、取引を超えた行動として購買を含まない視点と購買を含んだ視点の2つが挙げられる。一方で、心理的な定義としては、Brodie et al.（2011）の他、Vivek et al.（2012）による「顧客あるいは組織のいずれかが引き起こす組織の提供物あるいは組織活動への個人の参加とつながりの強さ」（Vivek et al. 2012 p.133）といった定義がある。Pansari & Kumar（2017）も顧客エンゲージメントを感情的な結びつき（emotionally connecting）と捉えている。

　エンゲージメントの例として、FacebookなどのSNS上の企業の公式アカウントの発信内容に対して「いいね！」を押すといった例が典型であるが、これはメディア・エンゲージメントの例であり、顧客エンゲージメントとしては比較的低次のエンゲージメントであると考えられる。他にも当該企業に関わるクチコミや写真ないし動画の投稿、アンケートへの回答、他者の投稿へのコメントなどがある。オフラインにおける行動では、キャンペーン・イベントへの参加といった行動や家族や友人などへの推奨などが挙げられる。その際、顧客エンゲージメントの対象は、小売企業の場合、企業、チェーンストア全体、PB、特定の商品などが考えられ、複合的になっている可能性があるため注意が必要である。

この顧客エンゲージメントは、Pansari & Kumar (2017) によると、顧客マネジメントの3段階目であるという。第1段階は、顧客取引 (customer transactions) に着目したもので、第2段階では関係性マーケティングをはじめとした顧客との関係性である。その次の最後となる第3段階目がエンゲージメントである。Kotler et al. (2017) では、前節に記した通り、マーケティング4.0においてロイヤルティの最終段階をこれまでの反復購買ではなく、推奨に設定している。推奨はエンゲージメント行動のひとつであると考えられる。このように、顧客の購買への着目から、購買後のクチコミをはじめとした推奨行動、広くはエンゲージメントに注目が集まっている。

　Pansari & Kumar (2017) は、顧客エンゲージメントの先行要因として、①満足と②感情に分けている。その際、満足は直接的な貢献（エンゲージメント）に、感情は間接的な貢献（エンゲージメント）に影響するとしている。関係が満たされ、感情的なつながりがあると、「エンゲージメント」の段階に進むという指摘のように (Pansari & Kumar 2017)、エンゲージメントは関係性の構築を前提とする視点が多い。企業や企業が有するブランドに対する顧客のエンゲージメントを高める上で、特定の対象に対する自己関連性、関与に対する理解が重要となってきた。

　この顧客エンゲージントや顧客ロイヤルティのどちらにおいても、その企業の顧客経験をもたらす。そのため、顧客経験マネジメントの観点からは、商材によって顧客が求める顧客経験は異なると考えられる。そのため、小売企業は、オムニチャネル戦略を通じて、自社内外のコントロールの程度が異なるチャネルやコントロール外のチャネルを連携させることで顧客との接点と統合的な顧客経験のマネジメントを行っていくことが重要となる。そのためにはまず購買内外のカスタマー・ジャーニーを把握することが必要となる。

　小売企業がオムニチャネル戦略を通じて顧客に提供する主な顧客経験は、購買に関わる買物経験である。古くから最寄品、買回品、専門品などの商品分類が消費者の購買に費やす労力の程度によって分けられているように、消費者の購買に費やす努力や労力は商材によって異なる。そのため、オムニチャネル戦

略においてはこうした点を鑑みて、消費者の購買に費やす時間や労力が節約されるように購買における便宜性を提供する他、購買における努力や時間を楽しい経験に転換するという2つの方向性が重要となってくる。

オムニチャネル戦略

第Ⅳ章

　本書ではこれまで、市場環境の変化がどのようにオムニチャネルの発展を促したかを検討し（第Ⅱ章）、オムニチャネルの対象である消費者の行動特性を明らかにしてきた（第Ⅲ章）。こうした議論を受けて、この章では、オムニチャネルの戦略的側面に焦点を当てる。

　まず、オムニチャネルのひとつの柱をなすコミュニケーション・チャネルについて、この分野で中心的な概念として研究、実践が蓄積されてきた統合マーケティング・コミュニケーション（Integrated Marketing Communication, 以下、IMC）を取り上げ、その知見がオムニチャネルにどのように関連し、それをどのように活用することができるかを検討する。次に、オムニチャネル戦略におけるIMC視点に基づくブランドの役割について、オムニチャネル時代における小売企業のブランド戦略の重要性、および、オムニチャネルが小売企業のブランド戦略に与える影響を検討する。

1 IMCとオムニチャネル

　IMCは1980年代末に米国ノースウェスタン大学の広告研究者であるDon E. Schultz教授が提唱した新しいマーケティング・コミュニケーション概念である。IMCは当初、広告、広報、人的販売、セールスプロモーション、ダイレクト・マーケティングなどのあらゆるマーケティング・コミュニケーション・ツールに一貫性を持たせ、そのシナジーを最大化するために、それらコミュニケーション・ツールを統合的に管理し、「ワンボイス・ワンルック（one voice, one look）」を実現する戦術として位置づけられた（Schultz et al. 1994）。その後、

IMCの研究と実践が進むにつれ、その内容は戦術的なレベルからより戦略的なレベルへと発展していった。すなわち、顧客に関する情報とインサイトに基づいて、IMCがカバーする領域は、①視聴覚要素の一貫性を目指す戦術的統合から、②知覚イメージの統合、③ITの活用、④全社ならびにマーケティングの戦略プランを策定・実行し、財務的な指標を重視する「戦略的ビジネス・プロセス」へと進化していったのである（岸 2016）。そこで、いくつかの代表的な定義を以下に紹介し、その焦点を見ることにしよう。

1 ▶▶▶ IMCの定義とその焦点

Schultz & Schultz (1998, p.18) は、初期のIMCの定義として、「消費者、顧客、見込み顧客、その他の組織内外の関係するオーディエンスを対象として、調整され、測定可能で、説得的なブランド・コミュニケーション・プログラムを継続的に計画・開発・実行・評価するために用いられる戦略的ビジネス・プロセス」と捉えている。ここでは、IMCがステークホルダーとのブランド・コミュニケーションに関わる戦略的プロセスであることが強調されている。その後、Duncan & Mulhern (2004, p.9) では、「互いのウォンツとニーズの相互満足を最大化するために、交換プロセスにおけるすべての当事者を統合するブランド・コミュニケーションの計画・実行・評価に関わる継続的かつクロス・ファンクショナルなプロセス」と理解されており、組織横断的な実践を通じて統合的なブランド・コミュニケーションを図ることが示されている。

さらにKliatchko (2008, p.140) は「ステークホルダー、コンテンツ、チャネル、およびブランド・コミュニケーション・プログラムの結果を戦略的に管理するオーディエンス主導のビジネス・プロセス」と位置づけ、より多様な組織内外の要素をオーディエンスを軸に戦略的に管理することが強調されている。そして最近のBatra & Keller (2016, p.137) においては、「販売する製品やブランドについて、企業が直接的または間接的に消費者に情報を提供し、刺激を与え、説得し、思い出させようとする調整され、一貫した方法」と定義され、消費者との一貫したブランド・コミュニケーションの重要性が説かれている。

図4-1 IMCの発展段階

発展段階		内容
第4	財務的・戦略的統合	企業はROIや顧客投資収益率（ROCI）の観点からマーケティング・コミュニケーションの成果を継続的に監視する仕組みをもつ。顧客に関する情報とインサイトを活用して、全社およびマーケティングの戦略プランニングを推進する。
第3	情報技術の適用	主要なターゲット市場またはセグメントに対する統合コミュニケーションの影響を識別し、それらを評価し監視するために、企業は既に存在するデータを活用しはじめる。データをコミュニケーション・プランニングに効果的に活用することにより、顧客に関する情報を知識に変換する。
第2	マーケティング・コミュニケーション範囲の再定義	企業は外向き（アウトサイドイン）の視点をもちはじめ、発信する情報の一貫性よりも消費者の知覚を重視し、ブランドや企業とのあらゆる接点に注目する。そのために顧客に関する広範な情報を収集する。外部業者との協力関係は継続し、再定義される。
第1	マーケティング・コミュニケーションの戦術的調整	「ワンボイス・ワンルック」志向の調整が中心である。広告、販売促進、マーケティングPRなど、あらゆるプロモーション・ミックス要素の一貫性とシナジーを最大化させようと統合を図る。そのために、社内および社外との、高度な対人的・機能横断的コミュニケーションを必要とする。外部業者への依存度が相対的に高い。
基準線		

出典：岸志津江（2016）．「IMC概念を再考する──進化と課題」『季刊マーケティング／ジャーナル』36（3）．p.11. 原典はKitchen, Philip. and Schultz, Don. (2001). Raising the Corporate Umbrella. *Palgrave Macmillan*. p.108.

　こうしたさまざまな定義やアプローチが提唱されるなかで、企業がIMCを戦略的な取り組みとして推進する際のモデルのひとつとして、Kitchen & Shultz（2001）による「4段階の発展プロセス」モデルが挙げられる（図4-1参照）。

　この図に見られる発展段階から、IMCの焦点として次のような点を指摘することができる。

　①企業主導から顧客主導への転換
　　デジタル技術の進展などにより、コミュニケーションや購買プロセスにおける主導権は企業から顧客にシフトしており、そのため企業は「つくったものを売る」というサプライチェーン主導から、顧客のニーズを理解して対応するデマンドチェーン主導にシフトする必要がある（Schultz 2016）。

②データ主導のアプローチ

　近年のデジタル技術の進化に伴う大きな変化として、消費者の「行動」を中心とした、これまで取得できなかったさまざまな消費者データを活用できるようになってきたため、IMCにはICTの活用に基づくデータ主導のアプローチが不可欠である（Schultz 2016）。

③チャネル統合

　IMCはコミュニケーション・チャネルを統合することにより、チャネル間、顧客接点間で一貫したブランド・メッセージを発信することに不可欠な役割を果たしている（Moriarty & Schultz 2012；Payne et al. 2017）

④ブランド構築

　IMCの目的、ならびにその重要性は、顧客とのコミュニケーションを通じたブランド構築にある。さまざまなコミュニケーション・チャネルをうまく統合することができれば、短期的には売上げが向上し、長期的にはブランドを構築することができる（Reid et al. 2005）。

⑤組織サイロの克服

　コミュニケーション・チャネルを統合し、顧客に対して一貫したブランド・メッセージを発信するためには、個々のチャネル活動を推進する組織が統合的に管理されていなければならない。逆に言えば、チャネルごとに部分最適化の活動が行われる組織サイロのもとでは、チャネル統合とその結果としてのブランド構築は十分に行えない。（Cao 2014；Peltier et al. 2006）

⑥コミュニケーションの財務的成果の把握

　これまでのコミュニケーション施策では、リーチなどのメディア・レベルで成果を把握することが中心だったのに対し、上記①にも関連するが、消費者主導のアプローチのひとつとして顧客生涯価値に基づいて、財務的な成果からも評価する（Schultz 2016）。

2 ▶▶▶ オムニチャネルとの類似点

こうしたIMCの基本的な特徴は、相違点を含みながらも、オムニチャネルの発想あるいは視点ときわめて類似していることは明らかだろう。

第1は、企業主導から顧客主導への転換に関わる。第Ⅰ章で述べたように、小売企業をオムニチャネルに向かわせた要因は、スマホやタブレットなどスマート・デバイスの技術的発展とその普及によって消費者行動がユビキタス化したことにある。このような消費者行動の激変に対応する手段として生み出されたのがオムニチャネルである。オムニチャネル環境においては、企業が消費者行動を主導するのではなく、消費者が企業を主導し、消費者の行動を適切に捉え、企業がオムニチャネル行動を起こすのである。逆に言えば、こうした顧客が主導する買物行動に対処できない企業は、オムニチャネル行動を決して取ることはできない。

第2に、データ主導のアプローチに関して、顧客主導のオムニチャネル環境で企業が効果的に行動するためには、顧客行動をデータとして正確に収集し、分析し、それに基づいた戦略の立案と実行がなされなければならない。デジタル化の進展する現代において、それまで明らかでなかった「個客」が識別され、その志向や行動がカスタマー・ジャーニーのなかで理解され、顧客の属性・行動データに基づいてオムニチャネル・カスタマーのセグメントが抽出され、彼らに対して最も効果的かつ効率的なオムニチャネル戦略が遂行される。このような一連のプロセスは、IMCとオムニチャネルに共通する顧客アプローチである。

第3は、統合視点である。IMCではその名の通り、広告、広報、人的販売、セールスプロモーションといったコミュニケーション・チャネルを統合することがその発想の原点となっている。オムニチャネルでは、統合の対象は店舗、販売員、電話、携帯電話、カタログ、ダイレクトメール、コールセンター、インターネット、SNSに広がり、コミュニケーション・チャネルだけでなく、販売チャネルが加わる（近藤 2018）。IMCのコミュニケーション・チャネルにおけるさまざまな手段の統合とオムニチャネルの販売／コミュニケーション・チ

ャネル全体にわたる統合という統合のレベルに相違があるものの、要素の統合の必要性という視点が共有されている。

　第4は、ブランド構築である。IMCでは、ブランドを構築することがその長期的な目的であり、そのために種々のコミュニケーション・ツールを統合し、「ワンルック、ワンボイス」という統一的なブランド・メッセージを発信しようとする。オムニチャネルにおいても、ブランドは顧客接点のノード（結節点）として機能し、企業と顧客を結びつける役割を果たしている。「顧客との最も重要な相互作用はチャネルではなく、ブランドを通じて行われる」(Piotrowicz & Cuthbertson 2014, p.6) という指摘は、顧客との相互作用が手段としての販売/コミュニケーション・チャネルを通じてではなく、ブランドという顧客接点を通じて行われることを示している。

　第5は、組織サイロの克服である。先述のように、IMCでは広告、広報、人的販売、セールスプロモーション、ダイレクト・マーケティングといったコミュニケーション・チャネルの効果的な統合的管理が焦点となっており、それぞれのチャネルを運営する組織の統合についても同様に、取り組むべき課題となる。オムニチャネルでは、コミュニケーショ・チャネルとともに多様な販売チャネルが加わるため、組織サイロを克服して、チャネル組織ごとに構築された資源や能力をオムニチャネルとして横断的に再編し、チャネルや顧客接点を統合し、顧客に一貫したブランド経験を提供できるかはきわめて重要な問題となる。(Rangaswamy & van Bruggen, 2005；Zhang et al., 2010)

　そして最後に、財務的な成果の把握である。小売企業にとってオムニチャネルの実施それ自体は目的ではない。オムニチャネルは、売上や利益の向上といった財務的な成果を達成する手段のひとつである。その点で、オムニチャネルという実践がどのような財務的成果をもたらすのかを正しく把握しておく必要がある。とくに消費者がさまざまな販売/コミュニケーション・チャネルを通して企業との関係を構築し、購入プロセスを進めていくなかで、販売/コミュニケーション・チャネル、そしてそのチャネルを運用する組織は部分最適の短期的成果ではなく、財務レベルでの長期的成果（LTV）を消費者起点で検証し

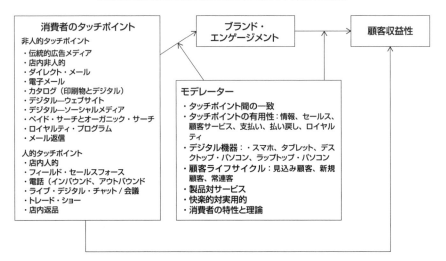

図4-2 オムニチャネルIMCのフレームワーク

出典:Payne, E. M., Peltier, J. W. & Barger V. A.(2017) Omni-channel Marketing, Integrated Marketing Communications and Consumer Engagement: A Research Agenda. *Journal of Research in Interactive Marketing*, 11(2), p.187.

ていくことが重要となる。

　「消費者へのシームレスな買物経験の提供」という本書のオムニチャネルの定義から言えば、IMCとオムニチャネルを結びつけるのは、ブランドである。Payne et al. (2017, p.192) は、ブランドをノードとするIMCとオムニチャネルの統合的な視点から、オムニチャネル・マーケティングのキー要素として「あらゆる消費者・ブランド・顧客接点にわたる顧客接点間のIMC結合体」を指摘している。彼らはまた、オムニチャネルIMC（Omni-channel IMC）という概念を提唱し、それが単なる戦術的なツールではなく、組織全体にわたるプラットフォームとメッセージの一貫性を生み出すための主要な戦略的要素であると指摘している。図4-2は、そのオムニチャネルIMCのフレームワークを示したものである。この図に見られるように、タッチポイント（この図では、消費者タッチポイント）がブランド・エンゲージメントを促し、それが顧客収益性に影響を

与える。そして、ブランド・エンゲージメントと顧客収益性との間の影響関係に顧客接点間の統一性やその有用性、デジタル・デバイスなどがモデレーター（調整項）として関係する。さらに、顧客接点が直接、顧客収益性に影響を与える関係も示されている。

このようなIMCとオムニチャネルの関係性に見られるように、IMCの目的はブランド構築であり、オムニチャネルにおける顧客コミュニケーションの客体がブランドであり、そして、いかに消費者にシームレスなブランド経験を提供し得るかが重要な焦点となる。そこで次節では「オムニチャネルにおけるブランド経験」という観点から、オムニチャネルとブランドの関係についてより詳しく検討していくことにしよう。

2 IMC視点に基づくブランド戦略の重要性

前節を踏まえ、オムニチャネル戦略の最も重要な単位である「ブランド」について、以下２つの視点から考察する。ひとつは、「IMC視点に基づくブランド戦略の重要性」、もうひとつは、「オムニチャネルが小売企業のブランド戦略へ与える影響」についてである。本節では、小売企業のブランドを従来のストアブランドのみで捉えるのではなく、コーポレートブランドとの関係性を踏まえ、捉えることとする。

1 ▶▶▶ IMC視点に基づくブランド戦略の重要性

本項では、オムニチャネル時代におけるIMC視点を踏まえた上での小売企業のブランド戦略の重要性について述べる。第Ⅰ章で述べられていた通り、「オムニチャネルは、小売業にとって、マーケティング・イノベーションそのものである。」という前提に基づく。すなわち、オムニチャネルという顧客視点のマーケティング・イノベーションに適合した小売企業は、従来にない独自性をもったブランドとして消費者に認識されるはずである。日本において、その代表的な成功事例が、良品計画の「無印良品」であろう。無印良品は、うま

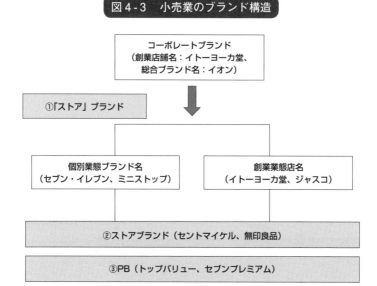

出典：和田充夫(2002)『ブランド価値共創』同文舘出版，p.183に一部加筆修正．

くオムニチャネル化の波に適合し、自社のブランド力を向上させ、事業自体も好調を維持している。無印良品は、顧客のカスタマー・ジャーニーを可視化すべく、スマホ上の自社アプリ（MUJI PASSPORT）という相互作用の場を通じ、消費者との価値共創を行っている。消費者は、購買後、消費プロセス（文脈）を経て、顧客経験価値を創造している。この顧客経験価値こそが、無印良品に対するブランド価値（=ブランド・エクイティ）といえる。

ここで、小売企業にとってのブランド構築上、重要な視点を以下にて説明する。それは、コーポレートブランド（企業ブランド）、業態ブランド、ストアブランド間の関係性をどのようにうまく構築できるかである。和田（2002）は、小売業のブランド構造を図4-3のようにまとめている。

日本の小売業の場合、その出自の問題がブランド戦略上、色濃く出ているのが特徴である。例えば、創業時の業態が量販店である総合スーパーの場合、ディスカウントストアの安売りイメージがつきまとい、そのイメージを払拭した

がる傾向が見受けられる。その代表例が、イオンである。その安売りイメージ払拭のために小売企業にとって必要なことは、グループにおける基幹業態を定め、その基幹業態のポジショニングを軸に、ブランド戦略を構築することである。例えば、イオンであれば、それは総合スーパーであり、セブン・アンド・アイであれば、コンビニエンスストアである。消費者からすれば、イオンというコーポレートブランドの下に、ダイエー、イオンリテール、ミニストップ、まいばすけっと等の個別業態ブランドがぶら下がっている状態だが、総合スーパーであるイオンがもたらす提供価値を各業態の中でも感じさせる統合的なブランド戦略を取る必要がある。要は、オムニチャネル時代の小売企業のブランド戦略上、基幹業態が持つブランド・イメージの拡張、一貫性を保つことが重要なのである。この考え方は、小売企業がPBブランド構築において、基幹商品カテゴリー（Ex. 牛乳やパンなど）から他の商品カテゴリーへのブランド拡張する際にも相通じる考え方と言えよう。

　しかし、従来の小売企業では、例えば、イオンは食品スーパー業態において、「イオンリテール」、東急百貨店では、食品スーパー業態において、「東急ストア」というコーポレートブランド名を使っているが、果たしてどれぐらい基幹業態の持つブランド・イメージが食品スーパーに浸透しているのであろうか。「イオン」、「東急」というコーポレートイメージの「安心感」は確かに伝わっているかもしれないが、それ以外のブランド・イメージはどの程度伝わっているか、甚だ疑問である。「イオン」の持つブランド・イメージである「総合的な品揃え」、「割安感」は、どの程度、他業態に拡張しているのであろうか。和田（2002）は、総じて小売業では、メーカーほど、コーポレートブランドイメージがストアブランドイメージに拡張しにくいと述べている。

　改めて、今日の日本の小売企業（グループ）を見た際、ストアブランド構築に偏り、コーポレートブランド、業態ブランド構築の脆弱さが目立つ。その結果、イオンやセブン＆アイ・ホールディングスなどの日本独自の多業態オムニチャネルにおいても、コーポレートブランド、業態ブランド、ストアブランド間の一貫性が取れていないのが現状である。よって、消費者から見た場合、

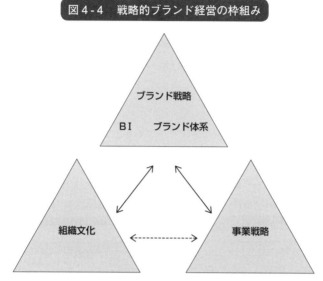

出典：阿久津聡(2014)「ブランドと経営学の接合」田中洋編『ブランド戦略全書』有斐閣，p.26.
原典：アーカー，デービット・A，阿久津聡(2002)「ブランドが組織と戦略を統合する」『DIAMOND ハーバード・ビジネス・レビュー』3月号，ダイヤモンド社，pp.68-79.

「この小売企業は、どのようなことを売りにした会社なのかがよくわからない」という現象に陥っている。すなわち、小売企業が目指すブランド・アイデンティティと消費者が小売企業に抱くブランド・イメージの乖離である。この乖離を解消するために、小売企業はどのようなブランド戦略を取るべきなのか。

　この点に関し、阿久津（2014）の戦略的ブランド経営の考え方（図4-4参照）は大いに参考になる。阿久津は、「戦略的ブランド経営の3つの要素とその関係性をひとつひとつ丁寧に診断すべきである。すなわち、企業レベル、事業レベル、個別ブランドレベルに分解し、事業戦略、ブランド戦略、組織文化を明確化し、それらの整合性とシナジーが効く関係性を構築すべきである。」と述べている。上記の阿久津の考え方を図4-3の小売ブランド構造に置き換えてみると、コーポレートブランドは企業レベル、業態ブランドは事業レベル、ス

トアブランドは個別ブランドレベルに該当する。したがって、コーポレートブランド戦略、業態ブランド戦略、ストアブランド戦略の整合性、およびシナジーをどのように効かせ、3つの異なる戦略を実行するための組織文化をどのように浸透させるかは、小売ブランド構築上、きわめて重要な課題である。その際、上記3つの戦略を統合的に管理する部署が、小売企業のホールディングス本社に必要となることは間違いない。特に、イオンやセブン・アンド・アイ・ホールディングスのような多業態オムニチャネルの場合はなおさらである。上記のような多業態型の小売企業は、統合的なブランド戦略を推進していく上で、ホールディングス内にマーケティング部署、あるいはブランドマネジメント部署を設置した方がよいかもしれない。上記部署は、コーポレートブランド、業態ブランド、ストアブランド毎の特性を十分踏まえた上で、統合的、かつ一貫した自社のブランド・アイデンティティを構築していく必要がある。その結果、小売企業にとってのブランド・アイデンティティと消費者がその小売企業に抱くブランド・イメージとの乖離は必ずや埋まっていくはずである。

　また今日、実店舗型の小売企業の経営を苦しめている主な要因は、EC小売業（Ex, アマゾン）の侵攻と商品のコモディティ化に伴う低価格化の波である。特に、後者のグロッサリー商品やデイリー商品のコモディティ化の流れは、小売企業の競争戦略上、他社との品揃えの差別化を難しくしており、同業態、および他業態間の低価格競争を招く原因にもなっている。小売企業が商品のコモディティ化による低価格競争の波に飲み込まれないために、MD戦略（Ex, 品揃え、PB開発等）はもちろん重要だが、同時に、ブランド戦略はこれまで以上に他社との差別化を図る上で、重要な経営課題になりつつある。

　また実店舗型の小売企業は、EC店舗へ顧客接点を拡張する際、グロッサリー商品やデイリー商品などのかさばる商品は、ECの利便性を活かし、一方、生鮮、デリカ（惣菜）のようなモノの品質、鮮度重視の商品は、実店舗の強みを活かすハイブリッドなマーケティング戦略を取るべきである。その結果、ECにはない独自性のある小売ブランドへ変貌できるのである。オムニチャネル時代の先進小売企業である良品計画は、まさにその方向に向かっている。

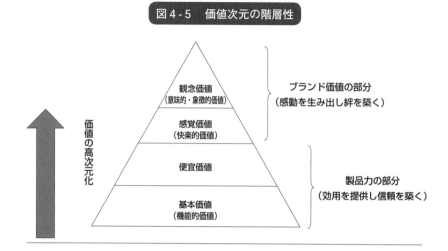

出典:和田充夫(2002)『ブランド価値共創』同文舘出版, p.19に一部加筆修正.

　青木 (2011) は、和田 (2002) を引用し、今後のブランド戦略においては、従来の製品価値 (＝機能的価値、便宜価値) で勝負するのではなく、ブランド価値 (＝感覚価値、観念価値) へ価値次元を高次化すべきであると主張している (図4-5参照)。この考え方は、メーカーに留まらず、小売業においても当てはまる考え方である。残念ながら、今日の日本の小売企業は、今だ低価格、品揃え等の小売ミックス (図4-6参照) の機能的価値で他社と競争している会社が多いようである。今後、小売企業がブランド価値への高次元化を図る際に、いかなるブランド戦略をとるべきか。そのヒントは、実店舗、およびスマホ上のアプリにおける消費者と小売企業の店舗従業員、および、パートタイマーとの「価値共創」にある。この価値共創の概念を小売企業が理解することが、購買後の消費プロセスにおける文脈形成を経て、最終的に、顧客経験価値の創造につながるのである。

　よって、オムニチャネル時代において小売企業は、カスタマー・ジャーニーを踏まえ、ネットによる買物の利便性 (機能的価値)、および実店舗における買物の快楽性 (経験価値) を併せ持つハイブリッドなブランド戦略を取っていくべ

図4-6 小売ミックスの全体像

出典：和田充夫(2002)『ブランド価値共創』同文舘出版, p.178.

きであろう。

　従来、小売企業は日々の商いを店舗ベースで行ってきたため、ストアブランドの強化には関心を抱いていた。ストアブランドを構成する要素として、小売ミックスの考え方が重要となる。上記でも述べてきたメーカーが主導する単品ブランド戦略とは違い、小売業ならではのブランド戦略としては、「品揃え」や「PB」があげられる。これらは、ストアロイヤルティを形成する上で重要な要素であり、ストアロイヤルティの結果がストアブランドにつながることは確かである。また、高橋（2014）が実施した食品スーパーにおけるリテール・ブランド・エクイティ研究では、コーポレートブランドとストアブランドとの関係には、正の相関があることが報告されている（図4-7参照）。一方、和田（2002）は、「メーカーのブランド戦略は、コーポレートブランドとプロダクトブランド間に相関性が高い。しかし、小売業のブランド戦略の場合、メーカーに比べ、コーポレートブランドとストアブランド間の相関性はあまり高くな

図4-7 リテール・ブランド・エクイティの構造

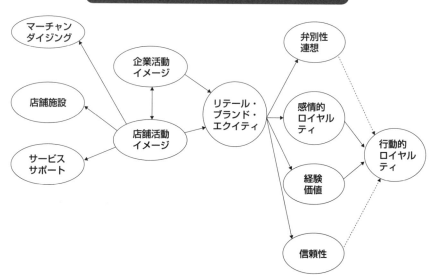

出典:高橋広行(2014)「消費者視点のリテール・ブランド・エクイティ――食品スーパーを対象にしたモデルの検討」『季刊マーケティングジャーナル』33(4), p.68に一部加筆修正.

い。」と述べている (図4-8参照)。このコーポレートブランドとストアブランドとの関係については、論者や業態毎でさまざまな見解があることが伺いしれる。

　しかし、小売企業には、そもそもマーケティングという概念が希薄化しているため、ストアブランドに固執するあまりに、ブランド戦略の本質である企業ブランドの構築にはあまり関心を抱かなかった。今日のオムニチャネル時代において、消費者は日常的にスマホを所持、利用し、必要に応じ、情報検索、商品・サービスの購買検討、友人とのコミュニケーション等を行っている。このような消費者の生活環境の変化を踏まえると、小売企業はストアブランドの強化だけを考えていては不十分で、それ以上にスマホ上の企業ブランドアプリをどのようにインストールしてもらうかを考えることも重要である。それは、ブランドを実店舗とスマホ上のアプリを使ってどのように統合しながら強化する

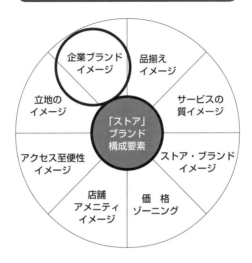

出典：和田充夫(2002)『ブランド価値共創』同文舘出版，p.180に一部加筆修正．

かにつながる発想である。

　では、小売企業がオムニチャネル時代に、なぜコーポレートブランドを強化すべきなのか、もう少し詳しく述べる。そのヒントは、オムニチャネルの本質そのものにある。オムニチャネルにおいて、従来の流通論の中で述べられてきた「チャネル」の概念が意味する対象が拡張されているのである。従来の流通論では、チャネルは「販売チャネル」のことを意図していた。しかし、オムニチャネル時代において、チャネルは、「販売チャネル」だけではなく、「コミュニケーション・チャネル」も含めた統合的な概念を意図する。すなわち、チャネルは、単なる販売するための場ではなく、消費者が日常において小売企業と接するすべての顧客接点を意図するようになったのである。よって、小売企業はカスタマー・ジャーニー上、すべての顧客接点（場）を通じ、消費者といかに相互作用できるかが、顧客経験価値を醸成する上できわめて重要となる。その際、大切なのは、選ばれるコーポレートブランドになることである。

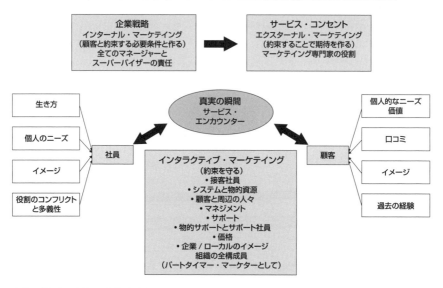

図4-9 北欧学派による全社的なサービス・マーケティングの概念図

出典：村松潤一編(2015)『価値共創とマーケティング論』同文舘出版，p.31.

　さらに、オムニチャネル時代におけるIMCに基づく「ブランド戦略」は、小売企業にとって持続的成長を続けるための経営戦略そのものだと理解しなければならない。ブランドが経営戦略上、持続的成長を続けるためのキードライバーであり、かつ、消費者と小売企業との「関係性」、および「価値」の結節点（ノード）であることを経営者、本社部門の経営幹部、本社従業員、実店舗で働く幹部、従業員、パートタイマーすべてが理解しなければならない。また、小売業に関わる経営陣、および従業員は、ブランドの重要性を理解するだけにとどまらず、オムニチャネルの本質をきちんと理解し、企業が目指すべきブランドの姿（＝ブランド・アイデンティティ）も理解し、自身の業務に落とし込まないといけない。それをサポートする上で、サービス・マーケティング研究の知見が大いに役立つと思われる（**図4-9**参照）。

　サービス・マーケティングにとって重要な点、それは、①顧客視点、②全社

表 4-1 「価値提供」から「価値共創」へ

	従来の価値提供 (G-D ロジックの世界)	新たな価値共創 (S-D ロジックの世界)
価値創造の主体	企業	企業と顧客
価値創造の源泉	製品や技術	顧客の経験
価値創造の発想	価値を創造するのは企業。顧客は、企業が創造した価値を受け取るかどうか。	価値を創造するのは企業と顧客。企業と顧客が価値を共創する。

出典：藤川佳則(2008)「サービス・ドミナント・ロジック――「価値共創」の視点からみた日本企業の機会と課題」『季刊マーケティング・ジャーナル』27(3), p.34.

戦略（サービストライアングル）、③インターナル・マーケティング、④モノはサービスに含入されるの4つである。④の視点は、現在、S-D Logic (Vergo & Lusch 2004；2006)、S-Logic (Grönroos 2006) へと研究上の進展を遂げている。上記両 Logic の基本的考え方は、価値は、最終的には顧客が創造するものである。というスタンスである。両 Logic は、「オムニチャネル時代に適用可能な顧客視点の概念」だと言えよう。青木 (2011) は、藤川 (2008) を引用し、今日のブランド研究上、「価値提供から価値共創」へ基軸移動しつつあると述べている（表4-1参照）。

改めて、オムニチャネルを捉える上で重要な概念、「価値共創」とは何かを以下にて説明する。Prahalad & Ramaswamy (2004) は、価値共創を以下と捉えている。「価値は企業と消費者が様々な接点で共創する体験の中から生まれる」。また、村松編 (2015) は、価値共創マーケティングを以下のように捉えている。「顧客の消費プロセスにおける企業と直接的な相互作用を前提としており、企業はその相互作用の一翼をマーケティング行為という形で担っている」。上記2つの価値共創の概念を小売業に当てはめたものが、中見 (2016) による次頁の小売業の価値共創の概念図（図4-10参照）である。オムニチャネル時代における小売業の価値共創とは、企業と消費者が交わるチャネル（＝共創領域）において相互作用し、購買後の消費者における文脈価値形成プロセスを経て、消

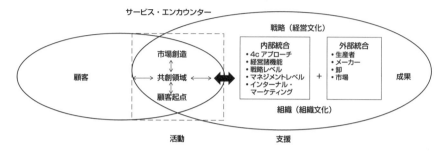

図4-10 小売業における価値共創型企業モデル

出典：村松潤一編(2016)『ケースブック　価値共創とマーケティング』同文舘出版，p.99.

費者が最終的に顧客経験価値を創造するプロセスそのものである。そのチャネルこそが、消費者と企業とを結ぶ結節点（ブランド）なのである。

また、価値共創を捉える上で、文脈（コンテクスト）を理解することは重要である。文脈（コンテクスト）とは、阿久津・石田（2002）によると、次頁の概念図（図4-11参照）となる。文脈は、大きくは3つで構成されており、企業側の「ブランド・アイデンティティ」、企業と消費者側の結節点（顧客接点、場）である「ブランド・コミュニケーション」、そして、消費者側の「ブランド・イメージ」である。阿久津によれば、ブランドとは、上記3つの構成概念、3つの構成要素がある、その3つの構成要素とは、「属性」、「ベネフィット」、「パーソナリティ」である。属性とは、商品の属性、あるいは、ブランドのベネフィットを裏付ける事実、ベネフィットとは、顧客にとっての価値を具現化したものであり、「機能ベネフィット」、「情緒ベネフィット」、「自己表現ベネフィット」で構成され、パーソナリティとは、ブランドの人格を表す。上記3つの構成要素を通じて企業側では、ブランド・アイデンティティを形成する際に、企業としてのビジョン、ミッション、価値観（暗黙知）を従業員が理解しやすいよう、ステートメント（形式知）として明文化する。この暗黙知から形式知への転

図4-11 コンテクスト・ブランディングの構造モデル

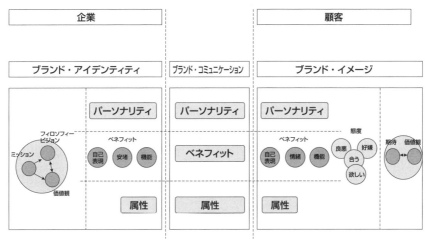

出典：阿久津聡・石田茂(2002)『ブランド戦略シナリオ』ダイヤモンド社, p.48.

換こそが、まさに文脈視点の重要な点である。すなわち、ブランド・ステートメントを顧客接点という場を通じ、消費者と相互作用する。結果、消費者は企業のブランド・アイデンティティをステートメント（形式知）を通じ、咀嚼し、消費者の頭や心の中に表層として現れる。これこそが、消費者がその企業に抱くブランド・イメージ（暗黙知）であり、資産としてのブランド・エクイティである。ゆえに、オムニチャネル時代において、顧客接点（場）における企業と消費者との価値共創上、ブランドを通じ、どのような文脈を形成できるかが顧客経験価値を醸成する上ではきわめて重要である。その際、ブランド・アイデンティティとブランド・イメージを結ぶブランド・コミュニケーションが果たす役割は、従来以上に大きくなるのは間違いないであろう。

　オムニチャネルは、カスタマー・ジャーニー上、すべての顧客接点（販売チャネル、コミュニケーション・チャネル）をストレスなく、シームレスにつなぐため、顧客接点における「サービス品質」の維持が重要となる。サービス品質の高低が、顧客視点における小売企業の従業員と消費者との相互作用（＝価値共創）に

大きく影響を与え、購買後の消費プロセス（文脈）を経て、最終的に、消費者による「顧客経験価値」の創造につながるのである。

最後に、現代の消費者は、情報探索、友人とのコミュニケーション、購買行動等において、スマホやSNSを日常的に利用している。上記消費者を通称「オムニチャネル・カスタマー」と呼んでいる。今日小売企業は、オムニチャネル・カスタマーの行動特性を踏まえた上でのマーケティング活動、およびブランド構築活動を意識せざるを得ない状況にある。

2 ▶▶▶ オムニチャネルが小売企業のブランド戦略へ与える影響
◆ ①本項の位置付け

オムニチャネルの登場は、企業のブランド構築にどう影響するのか。これについての解を明示した研究は続けられている。それは、オムニチャネルが前述した通り、実店舗などの取引接点に留まらず、顧客とのあらゆるコミュニケーション接点を含み多岐にわたるからである。第Ⅰ章で述べたオムニチャネルにおけるチャネルの範疇は、次の通りである。「オムニチャネルには伝統的なマーケティングで中心的に位置づけられてきた所有権移転経路である取引チャネルだけでなく、売り手と買い手間でさまざまな情報が交換されるコミュニケーションチャネルを含んでいる。（中略）多様な顧客接点を通じた取引／コミュニケーションチャネルがオムニチャネルなのである」。これまでのシングルチャネル、マルチチャネル、クロスチャネルの時代から見れば、「チャネル」に包含する接点は、大きく変化し拡大していることになる。

したがって、これまでの取引チャネルとしての実店舗やECが、どのようにブランディングに関係するのかという視点からの研究では、論点を網羅できない。またコミュニケーション接点も多様化している。そこに含まれるのは何もTVCMやチラシ、ECといった広義のメディアに留まらない。商品や営業人員なども顧客とのコミュニケーション接点である。加えて新しいタイプの接点も登場している。1プッシュで商品が届くAmazon Dash Buttonのような「IoTデバイス」もオムニチャネルの接点に含まれることになる。

このように無数に存在するチャネルすべてを網羅し、それらひとつひとつがブランディングにどのような影響を与えるのかを検証していくためには、まずこれらの顧客接点をモデルとして分類する必要がある。Keller (2010) やBazendale et al. (2015) が、多様な接点がそれぞれブランドにどのような影響を与えるのかについての研究を行っている。しかし、まだオムニチャネルにおけるあらゆる接点を統合的に網羅できているとは言い難い。

そこで本項では、「オムニチャネルの登場によって、企業にとってこれからのブランド構築における何が変わっていくのか」を実践的な視点から整理し考えていくことにする。第Ⅳ章におけるこれまでの論述を踏まえて、以降で考察していく。

◆ ②オムニチャネルが関わる論点

青木 (2011) は、1990年代半ば頃までの期間において、ブランド研究の基盤を構築した概念を2つ挙げている。そのひとつが、Aaker (1991) が提示したブランド・エクイティの整理・体系化である。ブランド・エクイティ概念の革新性は、それまで個別に議論されてきたブランド・イメージとブランド・ロイヤルティなどの概念を、エクイティを構成する構成次元として捉えて包括的に扱ったことにある。Aaker (1991) はブランド・エクイティを、「同種の製品であっても、そのブランド名が付いていることによって生じ得る価値の差」と定義した。

もうひとつは、Aaker (1996) によるブランド・アイデンティティの概念である。「ブランド・アイデンティティとは、ブランド戦略を策定する際の長期的ビジョンの核となるべきもの」であり、「ブランドに一体性を与え、マーケティング・ミックスの方向性と内容を規定するものである」。ブランド・エクイティが「マーケティングの結果」としての資産であるのに対して、ブランド・アイデンティティは「マーケティングの起点」であるとされた。これを価値ベースで明文化したものが「価値提案 (Value Proposition)」であり、これを関係者間で共有することにより、ブランドの「振る舞い方」に一貫性が生まれる

とした。

　これらの2つの概念が、ブランドの起点と結果を結ぶ基軸である。そして問題は、ブランド・アイデンティティによって定めた起点を、いかにして結果としてのブランド・エクイティへと導くのかである。オムニチャネルがブランドに与える影響とは、これらの起点と結果についての基軸を揺るがすのではない。むしろその間に位置する。オムニチャネルはブランディング、すなわちブランドをつくっていくプロセスに大きな変革をもたらすと考えるべきだろう。

　これは、ブランド論全体において注目されるテーマやトピックの推移にも符合する。青木（2011）は、世紀が変わる頃から、多くの市場でのコモディティ化の進展を受け、ブランド研究は「自ら創造した価値を獲得・維持するためのブランド戦略への模索」という新たなステージに入ったとする。具体的には、「経験価値に着目したブランド価値のデザインやブランド価値共創の問題、さまざまなブランド接点の設計と管理を含む統合的ブランド・コミュニケーション（IBC）の問題、あるいは、ブランドを介した顧客との関係性としてのブランド・リレーションシップの構築と維持の問題」などとしている。オムニチャネルが関わるのは、まさに「顧客との関係性であるブランド・リレーションシップをいかに構築・維持するか」にある。

◆ ③ブランド構築に与える3つの変化

　「オムニチャネルの登場による、企業のブランド構築への影響」をより具体的に「ブランド・リレーションシップ構築への影響」と捉えるならば、オムニチャネルは結論として大きく3つの変化をもたらしたと言えるだろう。

(影響その1) 接点の変化 - インダイレクトからダイレクトへ

　ひとつは「接点の変化」である。

　第Ⅰ章で述べた通り、オムニチャネルが登場した背景には、顧客の購買行動の変化がある。いまや、顧客はオンラインとオフラインを行ったり来たりしながら、一連の買物を行っている。ECで商品を選択し、オフラインの実店舗で

購入することも可能だし、その逆にオフラインの実店舗で商品を選択してオンラインの EC で購入することも可能である。これに対応する企業から見れば、オムニチャネルの到来とは、小売企業がよりダイレクトな顧客接点を持ち得るようになったことを意味する。

これは顧客との関係性を維持・構築する上で、企業にとって大きな変化である。従来は TVCM やチラシなどの「インダイレクト」な接点を設け、これによって実店舗に顧客を誘引していた。「ダイレクト」な接点である実店舗に来店さえしてもらえれば、そこでの品揃えや接客によって、ブランドとの関係性を築けるというのが従来の考え方であった。しかし、来店前に顧客が EC にアクセスするとなれば、顧客との関係性に実店舗がまったく介在しないこともあり得る。また購買後にも、モバイルアプリなどを通じて、直接的なアプローチをすることも可能である。企業は顧客とのブランド・リレーションシップを、より直接的に、より広範に持てるようになったのである。これを機会と捉えるならば、企業はより「ダイレクト」な顧客との接点を、いかに自社で設置するかを考える必要が出てきたわけである。

(影響その2) 対象の変化 – マスからパーソナルへ

そして、これらの直接的な接点は、きわめてパーソナルなアプローチを可能にしている。2つ目の影響は、「対象の変化」である。

従来の TVCM やチラシといったメディアは、いわゆるマスを対象としたものである。地域などによる若干の変化はあっても、基本的には同一フォーマットのコンテンツやメッセージを、大量の対象に効率的に届けることに重点が置かれていた。しかし、オムニチャネルにおいて接点に含まれるアプリや SNS、さらにはそのデバイスであるモバイルは、これまで以上に「パーソナル」な対象に届けることができるものである。

さらにオムニチャネルとは、第1章で述べた通り、「消費者がある顧客接点から他の顧客接点に移る際に、情報が統合的かつ間断なく提供される状態」を指す。すなわち、実店舗ではなく個人の顧客（あるいは個客）を軸とした情報統

合が行われる。小売企業側は、顧客が誰なのかを識別できる。それらの顧客は、購買・消費プロセス全般にわたって、能動的に商品情報を検索し、自身の嗜好などの情報を提供し、商品のレビューを書く。そこでは顧客は企業に「行動データ」を提供していることになる。許諾の問題はあるが、それらを提供しているからこそ、自身にとって最適な商品のレコメンドを受けたり、時に価格オファーを受け取ったりできることを顧客は知っている。そのデータ提供と提案というパーソナルな顧客とのやりとりが、ブランドとの関係性を作り出し強めていく。

同様にこれを機会と捉えるならば、企業はより「パーソナル」な対象に、いかに効果的な提案を行えるかを考える必要が出てきたわけである。

(影響その3) 価値の変化 – 商品価値から経験価値へ

前述の2つの変化を踏まえると、3つ目の変化が引き起こされることになる。すなわち、「価値の変化」である。ダイレクトな接点において、パーソナルな対象に対する価値提案を行い、共に価値を共創することができるならば、顧客は各チャネルを通して唯一無二の経験を得ることになる。すなわち、企業は「顧客ごとに異なる経験価値」を場を通じ提供し、共創するのである。

オムニチャネルという概念が登場したのは、インターネットの普及に伴う2000年代以降である。それは青木 (2011) が指摘するブランドの意味としての「経験価値」が注目された時期と同期する。

青木 (2011) は、経験価値の議論とは、「顧客がブランドと出会い、さまざまな経験をする接点づくりの問題であり、それらの接点において提供され、共創するブランドの経験価値に関する議論である」としている。

この「顧客がブランドと出会い、経験する接点」こそがチャネルであり、オンライン・オフラインのそれらを「統合し消費者にシームレスな買物経験を提供する」(近藤 2015；2018) ことがオムニチャネルである。そして前述の通り、オムニチャネルが網羅する接点の範囲は、経験価値が示す「購買」だけでなく「消費（使用）」段階に至っていることも、前述の通りである。

ここに至って、「ブランド・アイデンティティに基づく価値を、オムニチャネルにおいて『経験価値』として提供し、共創することで、ブランド・エクイティを構築する」という、ブランディングの新たな指針が浮かび上がることになる。
　以上、この項では「オムニチャネルの登場によって、企業にとってこれからのブランド構築における何が変わっていくのか」という問いに対して、「オムニチャネルはブランディングに大きく3つの変化をもたらす」ことを述べてきた。すなわち、接点は「インダイレクトからダイレクトへ」、対象は「マスからパーソナルへ」、価値は「商品（機能的）価値から経験価値へ」という変化である。
　そして、その結果として、「ブランド・アイデンティティに基づく価値をオムニ（すべての）チャネルにおいて『経験価値』として提供し、共創することで、ブランド・エクイティを構築する」という、オムニチャネルにおけるブランド戦略のコンセプトを示した。
　すなわち、オムニチャネル時代においては、顧客とのより直接的な接点を持ち、顧客の行動データを活用したパーソナルな経験を提供し、共創することができる企業が、より強いブランドを築けるといえるのである。企業には、この原則を前提としたブランド戦略が求められることになろう。

第V章 オムニチャネルのマネジメント

　インターネット、SNS、スマホやタブレットなどのモバイル・デバイスを通じた小売企業と消費者とを結ぶチャネルは、デジタル社会の到来とともにきわめて多様になっている。このような多様なチャネルをどのようにして統合的に管理し、チャネル全体の成果を高めるのかはオムニチャネルのマネジメントの中心的な課題である。

　Verhoef et al.（2015, p.176）は、オムニチャネル管理を「チャネル間の顧客経験とチャネルにわたる成果が最適化されるように、多くの利用可能なチャネルと顧客接点を相乗的に管理すること」と定義し、さらに「探索と購買プロセスを通じてチャネルは互換的かつシームレスに利用される」ことを強調している。この指摘に見られるように、オムニチャネル管理は、顧客にシームレスな買物経験を提供できるように、多様なチャネルを統合的に管理することを志向している。ここでの統合は2つの側面を持つ。ひとつは統合の対象である販売/コミュニケーション・チャネルの機能統合の側面であり、もうひとつは統合的な機能遂行を管理する組織内、組織間統合の側面である。

　本章では、こうした理解を踏まえて、オムニチャネルの統合的管理をオムニチャネル組織と他の組織、顧客、そしてサプライヤーとの関係の4つの視角から考察していく。

1 チャネルの統合的管理

1 ▶▶▶ チャネル統合の重要性

　店舗、インターネット、さらにスマホやSNSなど、販売/コミュニケーシ

ョン・チャネルが多様化するほど、チャネルをいかに統合的に管理するかが課題となってくる。なぜなら、後述するように、チャネルの統合度が低いと、チャネル間のシナジー効果が生まれず、シームレスな買物経験を提供することができないからである。そして、その結果として、売上げや顧客を失ってしまう (Jin et al. 2010；Rosenbloom 2007)。逆にそうした統合が機能すれば、顧客の買物経験が促進され、顧客満足の向上、売上、利益、顧客シェアを増大させることができる (Payne & Frow 2004)。Jin et al. (2010) が指摘するように、チャネルの成果はチャネル統合度の関数なのである。

こうしたチャネルの統合的管理の重要性は、オムニチャネルの前段階であるマルチチャネルにおいても早くから取り上げられてきた。例えば、Neslin & Shankar (2009) は、マルチチャネル顧客管理 (multichannel customer management) という考え方のもと、マネジャーの5つのタスクとして、マルチチャネル戦略の開発、チャネル設計、実行、および評価を指摘し、一連のチャネル戦略プロセスの管理に焦点を当てている。さらに彼らは、マルチチャネル小売ミックスの意思決定領域として、チャネル間での価格設定の一致、他のチャネルでの値下げとプロモーション、各チャネルにおける品揃えと適切な在庫、およびチャネル間の商品の返品の可否を取り上げ、チャネルの均質化 (homogenization) と調和化 (harmonization) の観点からチャネル全体を最適化することの重要性を指摘している。また、Valos et al. (2010) は、マルチチャネル・マーケティング (multichannel marketing) の主題として、マルチチャネル顧客行動の理解、販売・サービスおよび事前購買情報の提供、そして新規チャネルの導入によって生じる組織の駆け引きやコンフリクトの処理をあげている。

第Ⅱ章で指摘したように、クリック&モルタルからマルチチャネルにいたる販売／コミュニケーション・チャネルの発展プロセスにおいて、実店舗、EC、あるいはカタログなどの伝統的ダイレクト・マーケティングはそれぞれ、企業内で別々に管理され、統合されることはほとんどなかった (Verhoef et al. 2015)。そこで、チャネル間のシナジー効果を生み出し、顧客にシームレスな経験を提供するためのチャネルの統合的管理が、重要な取り組みとして浮かび上

がることになったのである (Goersch 2002；Payne & Frow 2004)。

2 ▸▸▸ チャネルの統合的管理とは何か

　Goersch (2002, p.479) によれば、チャネル統合とは「ウェブや店舗を運営する小売組織が他のチャネルを付加して、それらを同時的かつ整合的に利用すること」を意味し、これによって顧客は、その購買プロセスでチャネルを変更してもシームレスな経験を引き出すことができるようになる。また、Payne & Frow (2004, p.531) は、「商業的に実行可能なチャネルをすべて利用すること」と捉えている。このようなチャネル統合は、複数のチャネルの同時かつ整合的な利用という活動レベルで理解されている。Stone et al. (2002, p.40) は、チャネル統合を「ひとつ以上のチャネルを通じて一貫した方法で顧客に商品・サービスを提供し、顧客を管理する方法」と定義し、チャネル統合による顧客管理に焦点を当てている。

　また、Coelho & Easingwood (2003, p.27) は、チャネル統合を「流通諸活動が単体の管理のもとで行われる程度」と捉え、チャネル活動に関わる意思決定の集権性に注目している。Yan et al. (2010, p.434) は、「オンライン・チャネルと伝統的チャネルが相互作用し、広告やプロモーション等で協調する程度」と定義し、マーケティング・ミックス次元での活動の調整度に焦点を当てる。また、Cao & Li (2015, p.200) はチャネル間統合 (cross-channel integration) の観点から、「企業にとってのシナジーを創出し、消費者に特定のベネフィットを提供するために、企業がチャネルの目的、設計、および配置を調整する程度」と捉え、チャネルを組み合わせ、チャネル間シナジーを創出することに関する意思決定と位置づけている。

　Cao & Li (2015) はまた、主要なチャネル統合の定義を活動の広狭と顧客中心か企業中心かの次元で分類している。狭い定義は、上記の Goersch (2002) が該当し、広い定義は Yan et al. (2010) がそれに当たる。一方、顧客中心の定義は、同じく上記の Stone et al. (2002) のほか、「チャネル A から B へのシフト」(Montoya-Weiss et al. 2003) や「顧客への特定のベネフィットの提供」(Gulati &

Garino 2000）などが指摘される。企業中心の定義では、「チャネル間シナジーの創出等企業にとってのベネフィット」（Neslin et al. 2006）、「規模の経済の達成」（Neslin et al. 2006）や「収益性の改善」（Steinfield et al. 2002）といった企業に何らかの利益をもたらす活動として位置づけられる。

3 ▶▶▶ チャネル統合の領域と要素

　こうしたチャネル統合の捉え方は、どのような活動領域に関する意思決定であるのか、そしてその活動領域においてどのような要素を統合するのかという問題と不可分である。

　Berman & Thelen（2004）は、統合された複数チャネル戦略として、高度に統合されたプロモーション、チャネル間の製品の一貫性、複数のチャネル間を行き来する顧客、価格設定、在庫データを共有する統合型情報システム、およびオンラインの店舗やカタログで購入された商品の実店舗での受け取りを可能にするプロセス、を指摘している。Neslin et al.（2006）は、チャネル統合が取り組むべき課題の観点から、チャネル間のデータ統合、マルチチャネル環境での顧客行動、チャネル評価、チャネル間の資源配分、およびチャネル戦略の調整、を指摘している。

　Zhang et al.（2010）は、マルチチャネル戦略の領域という観点から、組織構造、データ統合、消費者分析、および評価・成果マトリクスを取り上げ、これにより顧客コミュニケーションとプロモーション、情報とマーケティング・リサーチ、価格比較、デジタル化、および物的資産と業務オペレーションの5つの領域で、チャネル間で潜在的シナジーが発揮されると述べている。また、Emrich et al.（2015）は、チャネル間の品揃えの統合に焦点を当て、チャネル間で品揃えを統一する完全統合、店舗の品揃えよりもネットの品揃えを多くする非対称的統合、品揃えを統一しない非統合という3つのレベルの品揃え統合を挙げている。近藤（2015）は、こうした先行研究のレビューを踏まえて、チャネル統合の領域をチャネル管理の組織、マーケティング・ミックス、それを支える業務オペレーションやロジスティクス、および顧客や販売、ロジスティク

スに関わるデータ、の4つの領域に類型化している。

　このうちデータ統合の重要性については、多くの研究において指摘されている。例えば、Neslin et al. (2006) は、データ統合はマルチチャネル顧客管理を成功させるための前提条件として捉えており、Zhang (2010) は、顧客購買行動の統合的な視点は CRM の構築と資源配分のカギであることを主張している。さらに、近年のモバイル・デバイスや SNS の爆発的な普及は、膨大な顧客購買・利用データを生み出すことになった。こうした環境のもとで多様なチャネルからの多様なデータを収集・統合し、顧客の行動、購買パターン、トレンドを明らかにすることは、カスタマー・インサイトを得るうえで決定的に重要である。それを成功裏に取り組んだ企業だけが最適な顧客を識別し、理解し、そして彼らに適切にアプローチすることによって、顧客経験を高めることができるのである (Brynjolfsson et al. 2013 ; Stone et al. 2002)。

　一方、チャネル統合の要素として例えば、Gulati & Garino (2000) は、ブランド、管理、業務オペレーション、および資産の4つを挙げている。チャネル間でブランドを共有することによって顧客の信頼を獲得し、チャネルの統合的管理により一貫した戦略が遂行され、シナジー効果が生み出され、知識を共有しやすくなる。また業務オペレーションの統合を通じて、コストを削減し、魅力的で便利なサイトを提供し、そして資産の統合により実店舗事業が EC 事業の利益を享受することができる。Goersch (2002) は、ブランド、クロスプロモーション、マーケティング・ミックス（製品、価格設定、顧客サービス等）、ロジスティクス、チャネル特有の能力、および情報管理の6つを指摘し、これらがチャネル間でシナジーを生み出す前提であると理解する。

　このようにチャネルの統合的管理は、チャネルの資源・能力、マーケティング・ミックス、業務オペレーション、チャネル要素、情報システム、チャネル評価と多岐にわたっている（表5-1参照）。これらの効果的な管理がオムニチャネルの成果を規定することになるのである (Jin et al. 2010)。オムニチャネルの成果については、第Ⅷ章で詳しく述べる。

表 5-1 オムニチャネル管理の特徴

統合的チャネル管理の目的	・チャネル間のシナジー効果の発揮 ・顧客のシングル・ビューの構築 ・顧客へのシームレスな買物体験の提供
統合的チャネル管理の対象	・チャネルの資源・能力 ・マーケティング・ミックス(商品、品揃え、価格、プロモーション、顧客サービス等) ・業務オペレーション(物流・ロジスティクス、在庫、受発注、マーチャンダイジング、顧客サービス等) ・チャネル要素(実店舗、カタログ、EC、スマホ、タブレット、SNS 等) ・情報システム ・チャネル評価
統合的チャネル組織	・オムニチャネル組織
チャネル成果	・オムニチャネル全体の成果(顧客ロイヤルティ、顧客生涯価値、顧客収益性、カスタマー・エクイティ、顧客シェア等)
データ統合の領域	・顧客データ ・販売データ ・物流/ロジスティクス・データ

4 ▶▶▶ オムニチャネルの統合的管理と課題

◆ ①チャネルの統合的管理のメリット

　チャネル統合はオムニチャネルの最重要課題であり、オムニチャネルをオムニチャネルたらしめている条件でもある。そこで、チャネル統合が小売企業および顧客にどのようなメリットをもたらすのかを整理しておくことにしよう。

　第1の利点は、統合的な顧客情報の獲得である (Neslin et al. 2006；Zhang et al. 2010)。第Ⅰ章で述べたように、オムニチャネルで用いられるさまざまなチャネルは取引/コミュニケーション・チャネルであり、小売企業はチャネルを多様化すればするほど顧客接点が広がることになる。そしてこの顧客接点を通じて小売業は、さまざまな顧客の属性、購買・利用情報を獲得することができる。そうした顧客情報を個人レベルで統合することができれば、例えば、実店舗というシングル・チャネルでのみ顧客接点を持ち得た場合に比べて、個々の顧客の多様な生活シーンを捕捉し、多面的な顧客プロフィールを抽出することがで

きるだろう。こうした顧客プロフィールは、オムニチャネル戦略のターゲットを識別し、アプローチする際にきわめて重要な情報となる。

　第2は、チャネルを連動させることによる最適な顧客サービスの提供である（Cassab & MacLachlan 2009；Sousa & Voss 2006）。オムニチャネルで用いられる多様なチャネルには、それぞれの利点がある。例えば、実店舗での販売員との双方向のやり取りを通じて商品やサービスに関する情報を提供することができる。一方、ECではより広範な情報、あるいはより詳細な情報を提供することができるだろう。そしてスマホなどのモバイル・デバイスを使えば、いつでも、どこでも商品やサービスを検索し、注文することができる。こうしたチャネルの特長を活かして、チャネルを連動しつつ、その欠点を相互に補完することにより、シームレスな買物環境を創出し、顧客サービスを向上させることができる。

　第3に、ブランドを確立するためには一貫したブランド・コミュニケーションを図ることが不可欠である。マルチチャネルの発展型であるオムニチャネルは、チャネル全体にわたる連動性を基盤としており、このことはブランドについても同様である。すなわち、第Ⅳ章1節で述べたように、オムニチャネルは多様なチャネルを通じて一貫したブランド・コミュニケーションを図り、ダイレクトな顧客接点を基盤としてパーソナルなブランド関係を構築し、そしてそれによって顧客のブランド経験を促すのである。こうした強固なブランド構築は、オムニチャネルによる顧客関係によって初めて可能となる（Gulati & Garino 2000；Keller. 2010）。

　第4のメリットは、オペレーション・コストの削減である（Neslin et al. 2006；Neslin & Shankar 2009；Zhang et al. 2010）。オムニチャネルで必要とされる資源や能力は、その一部あるいはすべてにおいてチャネル間で共用、多重利用することができる。顧客分析のための情報システムや専門スタッフといった人的資源の共用、販売やコミュニケーションの場に加えて、商品受け取り拠点としての実店舗の活用、物流・ロジスティクスのための施設や設備の共用、チャネルあるいは組織全体にわたる管理のための人的・物的資源の共有、などが該当する。

こうした資源や能力を統合的管理の下、チャネル間で共用・多重利用することにより、オムニチャネル活動に規模の経済が発生し、個々のチャネルで独立して実践するよりも全体としてのオペレーション・コストを引き下げることができる。

　第5に、こうしたチャネルの統合的管理を成功裏に遂行することにより、顧客にシームレスな買物環境を提供し、顧客満足度を高めることができる（Cao & Li 2015）。Cao & Li（2015）によれば、チャネル統合は次のような顧客ベネフィットをもたらす。まず、便利な方法で情報を収集したり、さまざまな状況でさまざまなチャネルを自由に利用することができる等により、顧客の信頼が高まる。次に、チャネルを適切に組み合わせることで付加価値の高いサービスを消費者に提供することができ、チャネル統合を通じた顧客とのブランド・リレーションシップが強化されることにより、顧客ロイヤルティが向上する。また、消費者が複数のチャネルにわたる買物に自信を持ったり、EC顧客を実店舗での買物に誘導するなどにより、コンバージョン率（成約率）が向上する。さらに、消費者を複数のチャネルに移動させて異なった顧客接点を提供したり、チャネル間で顧客データを共有することにより、クロスセルやアップセルの機会を増やすことができる。

　そして第6に、こうした種々のメリットを享受することにより、オムニチャネル小売業は、売上の向上と企業成長という経営成果を受け取ることができる（Cao & Li 2015；Payne & Frow 2004）。このオムニチャネル成果については、第Ⅷ章で詳しく述べる。

◆　②統合的チャネル管理の障壁

　オムニチャネルにおけるチャネルの統合的管理には一方で、次のような障壁も存在する。

　第1に、それぞれのチャネルには、それを効果的・効率的に管理・運営するための特有の資源や能力が構築されている（高嶋・金 2017；Zhang et al. 2010）。例えば、実店舗チャネルとECチャネルでは、必要とされる資源や能力は非常に

異なる。実店舗チャネルでは店舗管理や人的販売に関わる資源・能力が重要であるし、ECチャネルは、とくに商品の配送に関する資源・能力が必要となるだろう。実店舗チャネルに限っても、日本型オムニチャネルに先鋭的に見られるように、業態ごとに必要となる資源・能力は多様である。例えば、百貨店における部門別管理能力やアパレルメーカーとの関係構築・管理能力、コンビニエンスストアでは単品情報管理能力や多頻度小口物流管理能力が重要な組織能力であろう。このように有効な資源や能力が個々のチャネル、さらには業態に特定的であればあるほど、チャネルの統合的管理は、そうした資源や能力を毀損する可能性に十分な注意を払わなければならない。

　第2に、これに関連して、オムニチャネル管理のための投資コストが禁止的なほど高いかもしれない。このコストは2つの側面からなる。ひとつは、オムニチャネルを効率的・効果的に管理・運営するために必要な資源・能力の調達コストである (Cao 2015；Stone et al. 2002)。既存のチャネル組織からオムニチャネルを構築する場合、それぞれのチャネルに最適化された資源・能力をオムニチャネルに新たに調整しなければならず、ここに転換コスト (switching cost) が発生する。さらに、オムニチャネル組織を新たに構築する際には、それに最適な資源・能力を企業外部から導入しなければならず、調達コストが生じる。もうひとつのコストは、オムニチャネルに必要な各種のデータを統合的に導入することに関わるコストである。顧客データ、販売データ、在庫・ロジスティクス・データなどオムニチャネルで活用されるデータは、きわめて多様かつ膨大である。チャネル間でシナジー効果を発揮し、顧客にシームレスな買物経験を提供するためには、そうしたデータが適切に収集・統合されていなければならない。オムニチャネル小売業は、そうしたデータの収集・分析に関わる情報システムの導入と運用のコストを負担する必要があるのである。

　第3に、オムニチャネル全体として品揃えを統合すると、品揃えの最適規模を上回り、その管理等でコストが増大したり (Emrich et al. 2015)、かえって消費者の混乱を招いてしまうかもしれない (Neslin & Shankar 2009)。実店舗チャネルとECチャネルを比較すれば、一般的には、ECには実店舗という物理的な制

約がないため、その品揃えは豊富であり得る。しかし、ECでもパソコンの大きな画面で商品・サービスを十分に比較・検討できる場合に比べて、スマホのようなモバイル・デバイスを通じて情報提供、販売される商品・サービスの種類は、その視認性の低さから、より少なくなるかもしれない。このように、オムニチャネルにおける品揃えの統合的管理は、チャネルの特性と消費者の意思決定プロセス、カスタマー・ジャーニーを十分に考慮しながら、どのチャネルにどのような品揃えを提供すべきかという課題を克服しなければならない。

第4に、オムニチャネルの統合的管理が十分ではなく、マルチチャネルの複合体として運営される場合、それぞれのチャネルは部分最適に陥ることとなる。チャネルの部分最適に陥ってしまうと、チャネルの目的やヒト、モノ、カネ、情報、技術といった資源の配分をめぐってチャネル間でコンフリクトが生じたり（Falk et al. 2007；Tsay & Agrawal 2004）、ターゲットとする顧客セグメントをチャネル間で奪い合うというカニバリゼーションが引き起こされる可能性がある（Deleersnyder et al. 2002；Kollmann et al. 2012）。こうしたチャネルの部分最適化に起因するコンフリクトを回避するには、それぞれのチャネルの位置づけをオムニチャネル全体の観点から明確にし、その位置づけに応じてチャネル評価を実施しなければならない（Neslin et al. 2006；Neslin & Shankar 2009）。

2 オムニチャネルと組織能力

オムニチャネル化を進めるために行うIT投資には、「顧客エンゲージメントやLTVなどの顧客成果を高めて、売上やマーケットシェア、収益率のような組織成果に貢献すること」が期待される。ところが、残念なことにオムニチャネルを扱う内外のニュースや書籍の中で、オムニチャネル化がマーケットシェアや収益率の改善に貢献する事例が報告されることはほとんどない。オムニチャネル化に寄せられる期待と厳しい現実との間の溝から次のような疑問が生じる。

・オムニチャネル化の成功を阻む要素は何か
・その阻害要素は、どのようなメカニズムで発生するのか
・これらの問題をいかに解決するか

　これら3つの疑問を究明することは、オムニチャネル化を成功させるためにきわめて重要なテーマであるが、この問題については十分な研究が行われていない。本章と次章では、これらの問題を取り上げて、その解決のための手掛かりを紹介したい。我々はこの問題の解決のためには、より包括的で多次元的にオムニチャネル現象を捉える必要があると認識している。実務およびアカデミアにおいて、オムニチャネル現象は顧客インターフェースと「情報流」を中心に議論される傾向がある。オムニチャネル化には、ITを活用して顧客接点を増やすと同時に、複数の顧客接点間においてデータを統合すること（いわゆるデータの一元管理）が重要な要素になっているために、顧客インターフェースと情報の流れに関心が集まることは自然と言える。

　ところがオムニチャネル化の課題は、顧客インターフェースや情報流のみで起こるものではない。組織内部門間およびサプライヤーとの関係においても課題が発生する。またそれら課題は、情報流のみではなく商流や物流においても起こる。そのために、オムニチャネルを多次元でかつ包括的観点で捉えることが求められている。次章では、流通フローのダイナミズムを分析枠組みにし、物流に焦点を当てながらオムニチャネル化の課題と解決に対する考察を行う。

　そしてここでは、3つのインターフェース（組織内部門間インターフェース、顧客インターフェース、サプライヤー間インターフェース）においてどのような課題が発生し、いかに解決するかに焦点を当てて議論したい。また課題解決のための知見を得るために、戦略論（特に、組織能力）の研究成果を活用する。企業の競争優位の源泉を論じる時に、企業が保有する資源に注目する考え方がよく使われる。その代表的な考え方が資源ベース理論（RBV：resource-based view）である。Barney（1991）で代表される初期の資源ベース理論の観点に立つと、企業はオムニチャネル化を通じて顧客接点を増やすなど、新しい資源を手に入れること

ができる。しかし、資源を保有するだけでは競争優位にならず、その資源を活用して組織成果を高める能力こそが重要であることが言われており（Amit & Schoemaker 1993；Mahoney & Pandain 1992）、この能力を組織能力という。もちろん組織能力観点に立って、オムニチャネル化と成果との関連性のすべてを説明することはできない。しかし、成果をマーケット成果や財務成果などの組織成果に絞った場合は、これら成果の規定要因を見る視点としては有用であるといえる。したがってこの節では、3つのインターフェースにおいて、オムニチャネル化の成功のためには、どのような組織能力が求められるかについて記述する。

1 ▶▶▶ オムニチャネル化と組織内部門間インターフェース

オムニチャネル化は、組織内部の部門間インターフェースにおいてもさまざまな課題をもたらす。その代表的なものが組織複雑性と知識管理の問題である。

◆ ①組織内の部門間インターフェースにおける課題
組織構造が複雑になる

多店舗を展開する小売組織は、本部と実店舗部門で構成されるマルチ組織であり、メーカーに比べて組織構造が複雑になっている（Chang & Harrington 2000）。実店舗を中心に事業展開する小売がオムニチャネル化を進める場合には、リアル事業部門を開設することが求められる。またソーシャル・メディアを利用して顧客とのコミュニケーション接点を増やそうとする場合には専門スタッフが必要になるために、オムニチャネル化を進めるほど、小売組織構造はますます複雑になる。

部門間コミュニケーションが難しくなる

オムニチャネル化には、さまざまな顧客接点をシームレスな顧客対応が必要になるために、EC事業部門と店舗事業部門の間で情報を共有することが求められる。この状況においては、従来の本部内の部門間、本部と店舗間のコミュ

ニケーションに加えて、店舗事業部門と EC 事業部間の間にもコミュニケーションを行うことが求められる。組織構造が多重的になるほど、部門間において適切で正確な情報を速やかに共有することが難しくなる。組織複雑性は、誰の・どの活動によって成果が出ているかの把握を難しくする。この曖昧性が、部門間の協調へのモチベーションを下げる可能性がある。Szulanski (1996) は、組織内の曖昧性が高いほど、構成員のモチベーションが低いほど、部門間の関係性が低いほど、部門横断的な知識移転は進まないと主張する。

知識管理が難しい

組織構造が複雑になり、部門間コミュニケーションが取れないほど、知識管理が難しくなる。オムニチャネル化にはデータを管理・活用することが求められる。データの一元管理を通じて顧客の情報探索に対して速やかな対応を図りながら、データを分析して価値創造に貢献する知識を生成することが期待されている。しかし、複数の顧客接点から入ってくる多様で膨大なデータを分析することは困難なために、部門間コミュニケーションが取れない状況において知識を移転することは難しい。

この問題は、顧客データの管理において顕著に現れる。オムニチャネル化には、2 タイプのデータの知識管理が求められる。ひとつが在庫や価格といった商品データであり、もうひとつが購買履歴や顧客属性などの顧客データである。顧客データには、購買履歴に加えて顧客属性に関する情報が含まれるため、接客に必要な深い顧客インサイト (customer insight) を得ることが期待される。この顧客インサイトは顧客に対する提案能力を高めて、需要を管理したり、需要を創造することが期待される (金 2013)。

ところが顧客データは、その多様性の故に、データ複雑性が高く、どのデータが価値ある知識になるかを判断することが難しい。また定型化やコード化しにくいデータが多いために、全社的に共有することも、その共有と活用に関わる諸活動をルーチン化することも難しい。ルーチン化が難しいほどオペレーション費用が高まり、財務成果に悪い影響を与える。

高嶋・金 (2018) が指摘しているように、実店舗部門と EC 部門の間で商品データを統合することは難しい。データ複雑性の高い顧客データを統合することはさらに難しいことが予想される。そのためにオムニチャネル化を進める企業が商品データの統合に基づいたサービス提供に留まり、差別的サービスを提供することができない状態が続くことも予想される。このように、オムニチャネル化が低水準から抜け出せない状態を高嶋・金 (2018) は、クロスチャネルと呼んでいる。この状態は、オムニチャネル化を目指して投資を行うものの、オムニチャネル化が競争優位ではなく「競争同異」に留まってしまうこと、つまり、顧客の在庫や価格探索活動には対応できても高いレベルの顧客サービスの提供が実現できない状態に留まることになる。

◆ ②部門間インターフェースに必要な能力

このようにオムニチャネル化が小売企業に、組織複雑性やコミュニケーションの問題をもたらし、知識管理問題を引き起こすことが予想される。この問題の解決なしにオムニチャネル化の成功は難しいと思われる。それでは、これらの問題を解決するためには、どのような組織能力が求められるか、ここでは調整能力と吸収能力に注目する。

調整能力

組織複雑性が増えるほど、誰の・どの活動によって成果が出ているかの把握が難しくなるために、公正な人事評価を妨げて、モチベーションや協調性を下げる。成果が出た場合も要因分析が難しいために、成功経験をデータ化することが大変な作業になる。また投資と成果間の相関関係の評価が難しいために、オムニチャネル化に必要な資源を外部から調達するか内部化するかの意思決定を妨げて、投資に必要な組織内コンセンサスを得ることが難しくなる。この状況においては、組織内の個人間、部門間（また事業部間）において、コミュニケーションが取れなくなるために、組織内の調整費用が高まる。組織内の調整費用の高まりは、（商品の価格管理や在庫管理費用、物流費用など）オペレーション費用と

して現れて、財務成果を圧迫する。

この問題を解決するために求められるのが調整能力である。調整能力は、組織内の部門間の知識共有能力 (Jansen et al. 2005) と組織内部のプロセス統合問題 (Malone & Crowston 1994) として捉えられてきた。これらの能力は、教育と組織改編、そしてIT活用によって高まることが示唆されている。

Jansen et al. (2005) は、ジョブローテーションが組織内の部門間の理解と知識共有を促進することを主張している。そして、Santos & Sussman (2000) やDaft & Lenge (1986) は、組織内にコーディネート役割を担う専門組織を設けることで調整能力が高まると主張する。IT分野の研究では、IT活用が組織内で共有する情報の多義性を減らしたり、組織の柔軟性や部門間の統合度を高めたり、外部知識活用のルーチン化を促進して、その結果、調整能力を高めると言われる。オムニチャネル化に関連しては、外部知識活用のルーチン化が特に重要になる。

吸収能力

企業が外部知識を活用して新しい価値を創造するためには、外部知識を収集し、組織内の部門間で共有して、全社的に活用することが求められる。この知識管理のプロセスにおいて欠かせない能力が吸収能力 (absorptive capacity) である。Cohen & Levinthal (1990) は、吸収能力について外部知識を認知・同化・変換・応用する能力として定義している。企業が外部情報を処理・活用するプロセスについては、Galbraith (1974) によって提唱されたが、組織学習研究、マーケティング・オリエンテーション (MO：marketing orientation) 研究[i]、吸収能力研究など、経営・マーケティング理論や研究群において研究が続けられている。これらの研究は、外部知識の収集-組織内の部門間共有-活用プロセス

---

i MOの理論的根拠を、組織文化の観点で捉えるもの (Narver & Slater 1990) と行動の観点で捉えるもの (Kohli & Jaworski 1990) で分類できる。ここで言うMOは、情報処理プロセス (市場情報の生成、組織内で市場情報の普及、市場情報に反応) に注目する行動観点のMOを指す。

を分析対象とする共通点があるが、吸収能力は組織内のルーチン化までを定義に含んでいる点が特徴である。成功的なオムニチャネル化には調整能力が欠かせないが、そのためにはデータ処理・活用のルーチン化が重要であるために、オムニチャネル化の分析枠組みのひとつとして吸収能力が適していると言える。

　吸収能力の定義の中にある「同化 (assimilation)」がまさにルーチン化を示している。同化は、技術の使用が組織のプロジェクトやプロセスに拡散し、それらのプロジェクトやプロセスにおいてルーチン化が進む程度として定義されるが (Cooper & Zmud 1990；Fichman & Kemerer 1997)、IT 同化は、IT アプリケーションを組織内外のビジネス・プロセスに拡散してルーチン化する役割を指す (Melville et al. 2004)。これらの定義によると、IT アプリケーションの活用は、ビジネス・プロセスの効率性を高めたり、異なる部門間で効率的に知識を共有したり、効率的な知識活用のルーチン化を促進する。例えば、在庫管理ソフトの活用は、商品管理業務の効率性を高めると同時に、関連知識の他部門への移転に役立つ。また電子知識リポジトリを利用して部門間に知識の共有を図ることができる。このように、IT 同化能力 (IT assimilation capability) が高いほど、組織内で知識を吸収する能力が高まり、調整能力も強まることが予想される。

　ところが組織能力としての IT 同化にも限界があることに注意が必要になる。IT 同化は、組織内で活用するために収集した外部知識を変えずにそのまま使える時には有用であるが、外部知識を大きく変えないと組織内で活用が難しい場合には、その能力を発揮できなくなる。この問題を解決する組織能力が知識管理理論で言う知識を変換する能力、すなわち IT 変換能力 (IT transformation capability) である。

　したがって吸収能力を高めようとする企業は、IT 同化能力と IT 変換能力を同時に高める必要がある。これらの能力によって形成される組織の吸収能力は、調整能力のみではなく、前項で触れた組織俊敏性 (agility) も高める。IT 同化能力と IT 変換能力が高い企業は、組織内の部門横断的なコミュニケーションが円滑にできるようになるが、この組織はより俊敏に環境変化に対応する

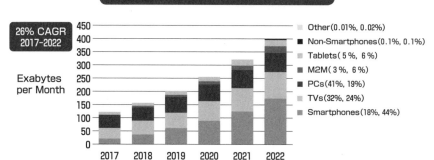

図5-1　デバイス別世界のIPトラフィック

出典：Cisco VNI Global IP Traffic Forecast, 2017-2022.

ことができる。

2 ▶▶▶ オムニチャネル化と顧客インターフェース

　顧客インターフェースにおいてはどのような課題があり、いかに解決されるか。ここではデジタル時代における企業の情報処理能力のギャップ問題とITアラインメント問題に注目したい。ITアラインメント問題とは、ビジネスと情報システムの戦略的方向性が一致しないために生じる経営上の問題である。

◆　①顧客インターフェースにおける課題

　デジタルテクノロジーの進化に伴い、インターネット上のトラフィック量は、特にスマホの普及につれて増加している（図5-1参照）。
　一方でその情報を把握し、適切な施策に落とし込んで売上や利益増につなげることは容易なことではない。その要因として、デジタルテクノロジーの進化は指数関数的なものであり、企業の情報処理能力とのギャップは拡大する一方であるためだ（Day 2011）。また単に情報量が増えただけでなく、スマホによりショッパーの購買前の情報収集時点での行動や、購入後のSNSへの書き込みや写真のアップロードなど、種類という面でも従来に見られなかった情報が流

通するようになってきたことから、顧客とのインターフェースをこれまでにない領域のものも含めてどのように強化していくかという点が、課題として考えられる。

◆ ②顧客インターフェースに必要な能力

このように顧客インターフェースにおいては、企業の情報処理能力とのギャップ問題を解決することが大事であるが、その解決のためには、ITインフラストラクチャー能力とITアラインメント能力が重要になる。またこれらの能力を高めるためには、単にIT部門など現場の担当者に任せるだけではなく、経営層の理解が欠かせない。

ITインフラストラクチャー能力：情報量増への対応

まず始めに量、種類の両面で増加し続ける情報に対応するためのITプラットフォームの整備が課題として挙げられる。さまざまなチャネルでの顧客とのやり取りが可能となる一方、横串を刺す形で横断的に顧客を理解できるプラットフォームを構築し、活用できている企業は必ずしも多くない。

その理由のひとつとして挙げられるのがIDの統合である。各チャネルや部門毎にシステム導入を図ってきたり、企業間の合併を繰り返す中で、同じ消費者を利用されるチャネルに関わらず把握するためのID統合はプラットフォーム構築上の大きな課題となる。

また統合の範囲も従来以上に広がっている。これまで顧客データといえば購買データなど、自社内に蓄積されたものが中心であったが、前述のデジタルマーケティング領域で触れたDMPや広告プラットフォームのように、さまざまな企業が消費者データを活用できるような仕組みが整いつつある。そのため、SCMでパートナー企業との情報連携を図ってきたのと同様に、デマンドチェーン側でも社外のパートナー企業とどのようにデータ連携を図っていくかという視点も重要なポイントとなる。

さらに新しい種類の情報での対応として、自社が管理していないプラットフ

ォームにある情報を、顧客とのインターフェースとして活用するかという点も従来にない新たなテーマとなっている。一例として日本マクドナルド社では、Twitter上の発売前商品のバズを意味する「プレバス」という指標を設け、自社のコミュニケーション施策の評価に活用しているという（足立 2018）。

このように、組織の内部と外部にある顧客データを統合し、活用するための要素のひとつとして、ITインフラストラクチャー能力が必要になる。

ITアラインメント能力：事業部門とシステム部門の連携

次にマーケティングや事業部門のテクノロジー活用が進み、アメリカではCMOの持つマーケティングテクノロジー予算が全体の22%を占める（Gartner 2017）中で、テクノロジーを導入して成果を生み出していくためには情報システム部門との協業が重要であるが、必ずしも両者の関係がうまく行っているケースは多くない。

その要因のひとつとしてDallemule & Davenport（2017. p.116）は、扱うデータの目的や性質が異なっていることを挙げている（図5-2参照）。従来のERPやSCMでのデータは定型的であり、効率を高めてコストを下げるという目的で進められることが多い一方、マーケティング領域のデータのフォーマットにはさまざまなものがあり、またその目的もこれまでにないインサイトを見出し、価値を創造していくという、これまでと全く異なるアプローチが求められる。

ノードストロームでは、マーケティング、分析、IT各部門の役割を明確化し、必要不可欠なツールやテクノロジーをすばやく強化し、複数のチャネルで買物をする顧客は、ひとつのチャネルで買物をする顧客よりも概して顧客生涯価値が高いなど、カテゴリーやブランドから顧客起点へのシフトに成功している（Joshi & Gimenez 2014）。

そのため、マーケティングや事業部門が抱えるビジネス面での課題（例：新規顧客数の増加予測）の技術面での課題（例：Twitterでのつぶやき数の把握に向けたデータの収録やダッシュボード構築など）への落とし込みに繋げられる両部門間の通訳、あるいは橋渡しを行うことのできる人材育成の重要性が増している。

図5-2 データ戦略の要素

	防衛型	攻撃型
主な目的	データのセキュリティ、気密性、完全性、クオリティ、規制遵守、ガバナンスを確保する	競争上のポジションや利益性を改善する
中核的な活動	データの抽出、標準化、保存、アクセスの最適化	データの分析、モデリング、可視性、変換、強化
データ管理の方向性	制御	柔軟性
実現するアーキテクチャー	SSOT（唯一の性格な情報源）	MVOT（複数の性格な派生情報）

出典：デールミュール, レアンドロ. & ダベンポート, トーマス H.（2018）.「データ管理は戦略である」「DIAMOND ハーバード・ビジネス・レビュー」11月号. ダイヤモンド社. pp.110. 原典は Leandro, D. & Davenport, T. H.（2017）. What's Your Data Strategy?. *Harvard Business Review*. Vol.95. pp.116.

顧客インターフェース強化への経営層の関わり

　情報処理能力を自社内部資源という観点から考え、持続的競争優位を顧客インターフェース能力によって確立するために必要となる要素にはどのようなものがあるのか。Day は自社能力開発におけるこれまでの資源ベース理論などの論点において、Outside-in の視点が欠けている点について言及している（Day 1994；2011）。

　またスイスのビジネススクール IMD の Wade 教授らの研究グループでは、デジタル環境における一連のビジネス・プロセスとして、社内外のさまざまな情報の活用を意味する"Hyper Awareness"、そしてそれに基づく意思決定としての"Informed Decision Making"、さらにその意思決定をより素早く実行する"Fast Execution"から構成される Digital Business Agility というコンセプトを打ち出している。

　この中で、顧客インターフェースとも言える"Hyper Awareness"で IT が重要な役割を果たすことは言うまでもないが、同時に強調しているのはデジタルトランスフォーメーションが決してテクノロジーのみを扱うものではない、という点であり（Wade 2017）、この Digital Business Agility を実現するための

図5-3 デジタルオーケストラ

出所：ORCHESTRATING DIGITAL BUSINESS TRANSFORMATION by GLOBAL CENTER FOR DIGITAL BUSINESS TRANSFORMATION, 2017（https://www.imd.org/research-knowledge/reports/digital-orchestra/）.

フレームワークとして、「デジタルオーケストラ」というフレームワークが以下の通り提唱されている（図5-3参照）。

　この中で特に着目すべきは、企業内部のオペレーションや組織が挙げられている点にある。例えばプロセスという点では、情報システム開発において大規模なシステム開発に用いられてきたウォーターフォール型の開発手法から、トライアンドエラーを繰り返しながらスピードを重視したアジャイル型のプロジェクトが増えているのと同様に、獲得した情報に基づいて実行を図り、逐次修正を加えていくことが求められる。

　またデジタル化によってさまざまな情報を資産として蓄積、活用することができるようになる中で、全社共通の資産としての情報活用という従来にないテーマへの対応を主導する組織の検討も重要なテーマのひとつである。システムのクラウド化に伴い、情報システム部門ではない事業部門が独自に、自分の活

用したいシステムを導入していく結果として、部門間で全く別のシステムが使われたり、同じプラットフォームを活用してもデータの定義が異なるなど、マーケティング系のデータのガバナンスの欠如により情報の活用が進まないケースも珍しくない。

あるいはデータが入手できたとしても、企業の体質として新しい取り組みを推奨しなかったり、成功よりも失敗の影響が大きな人事考課が取られていたとすると、Adaptive Marketing の実行を積極的に行うことが難しいことは容易に想像される。

このように顧客インターフェースを強化するためには IT プラットフォームと共に、それ以外の要素も考慮に入れる必要があるが、これらの要素を抜本的に変えていくことができるのは経営層に限られる。なぜならばこれらを部門や課のレベルで進めると、各部門間での利害関係が発生し、それぞれの部門は自部門の最適化＝部分最適に走る可能性があるためだ。このように顧客インターフェースの強化において各部門が部分最適に走ることを防ぎ、全体最適を実現するためには、その視点で意思決定を行うことのできる経営層のリーダーシップも不可欠である。もちろん経営層のリーダーシップは顧客インターフェースのみではなく、後述する組織内の部門間インターフェースやサプライヤーとのインターフェースにおいても欠かせない。しかし、顧客インターフェースは、関連技術の進化が早く、マーケット環境がドラスティックに変化しているために、担当者任せになりがちである。だからこそ経営層は、IT アラインメントの失敗を防ぐためにも、顧客インターフェースに関心を持ち、リーダーシップを発揮することが求められる。

3 ▶▶▶ オムニチャネル化とサプライヤー・インターフェース

◆　①サプライヤー・インターフェースにおける課題

オムニチャネル化は企業戦略をこれまでの企業主導から顧客主導への転換を要求している。これは企業に自社の都合で販売したい商品ではなく、顧客のニーズを理解し、適切な商品やサービスを販売するというこれまでとは違う組織

行動を要請する。第Ⅳ章ではオムニチャネル化が企業のブランディングに与える変化について次の3つを挙げた。①顧客との接点をインダイレクトからダイレクトへ、②顧客へのアプローチをマスからパーソナルへ、③提供する価値を商品価値から経験価値への変化である。ではこのオムニチャネル化に対応する企業のサプライチェーンにはどのようなインターフェース能力が必要であろうか。企業のブランディングの変化に対応するサプライチェーンの課題を整理してみる。

顧客との接点をインダイレクトからダイレクトへ

　ダイレクトな顧客接点は、これまでのサプライチェーンの流れを一変する。従来であればサプライヤーは物流倉庫に納品すれば業務は完了していたが、ダイレクトな顧客接点はこれまでの物流の流れに加え、小売企業と一体となってこの顧客接点の多様化に対応していく必要がある。具体的には顧客の自宅もしくは指定の場所へ直送する業務や、需要が見込まれる在庫を想定される顧客の周りに、あらかじめストックし、顧客に届ける時間やコストを最適化することなどが加わる。そのため、サプライチェーンはより細かな物流対応が課題となる。この物流がダイレクトになるには顧客情報のサプライチェーン間での共有も必要になってくるため、サプライチェーン全体での取り組みが課題となる。

顧客へのアプローチをマスからパーソナルへ

　小売企業にとって顧客のへのアプローチがマスからパーソナルに変更するということは、サプライチェーン上、これまでの商品発注がマスのオーダーからパーソナルなオーダーに変わることを意味する。このことはアパレル製品を例にとると、これまでが"白色のブラウスM寸100枚"とマス生産の中で不特定多数を対象としたものづくりの発想から生産されていたものが、"○○さんの袖丈○センチ、着丈○○センチのブラウスを1枚"といった発注に変化するのである。この一例からも情報量の変化にお気づきになるであろう。これまで100枚同じものを一括で管理していたものが、パーソナルなアプローチをする

ことで100倍以上のデータ量に変わるのである。そのためサプライチェーンは、物流、生産、商品、顧客面などさまざまな面でより複雑な発注に対応できる情報管理が課題である。

提供する価値の商品価値から経験価値への変化
　顧客主導のシームレスな顧客体験を提供する。これにより企業がこれまで提供してきた価値が商品にだけではなく、顧客が経験するものすべてに守備範囲は広がる。そのためサプライチェーンでは顧客情報の中身をサプライチェーン全体で素早く掴み提供するサービスに反映していく体制が求められる。この変化はサプライチェーンが提供してきた価値も変える。これまでは企業が店頭で商品を渡す"モノ"の販売が提供する価値だった。ネットの普及はクチコミサイトなどから消費者に商品情報だけではなく自分がこの商品を使った場合どうなるのかといった疑似体験の機会を与えてくれる。この中には企業が意図した使い方とは違う情報もあれば、企業の都合の悪い情報も含まれる。サプライチェーンでは、この情報をサプライチェーン全体で共有し、商品開発に活かす体制を構築することが課題となる。
　オムニチャネル化によって企業が対応すべきサプライチェーンの課題を書き出したが、これらの実現は決して簡単なものでは無い。これらの項目の実現に必要な組織能力を具体的に見てみる。

◆　**②サプライヤー・インターフェースにおける必要な組織能力**
　従来のサプライチェーンは、これまでのビジネスに合わせて最適化された組織となっている。既存のサプライヤーは小売企業の物流センターに向けていかに早く、いかに安く届けるかという課題に対して最適化された組織である。そのため、この組織を個々の顧客に対応した経験価値を提供する組織に変えるには、これまでの仕組みと管理体制を根本的に変えていく必要がある。
　物流の仕組みの変換は、これまでサプライヤーは自社から小売企業の物流センターまで、決まったルートの中で、いかに効率よく配送していくかが課題で

あった。そのため、商品を運ぶトラックの積載量、供給頻度など一定のルートの中での管理がされてきた。しかしオムニチャネル化は時間的・空間的な制限がなくなることで、これまでの業務のほかに顧客個人への対応を必要とする。配達時間の管理、配送場所の複雑化に加え、これまであまり関係が無かった商品梱包の複雑化への対応も必要となる。この複雑な変化に対応していくには外部知識を収集し、サプライチェーンの間で情報を共有し活用していく吸収能力が必要である。

また、マス発注からパーソナル発注への対応では、根本的に商品の生産方法の変更が要求される。これまで大量生産で画一化することによって効率を追求し、コストダウンを図ってきた生産体制は、サプライチェーンの中で見込み生産によって在庫が流通段階で発生することを前提にオペレーションを行ってきた。しかしパーソナル発注への対応はこれまでの大量生産型の流通活動とは全く違う動き方をするため、サプライチェーンの構造は変わってくる。

これらの課題に対して企業環境の変化、顧客対応の複雑性を考えると、1社ですべてを対応することはなかなか難しい。そのためサプライヤー・インターフェースとしては、オムニチャネル化によって出てきた課題を解決することができる企業を見きわめ、それを最適化していくコーディネート能力が必要である。そのためにはまず、現在抱えている課題を明確にし、どのサプライヤーがこの課題に対して最適かを判断する評価体制を整える必要がある。

流通活動における情報はより複雑に多様化してくる。そのためオムニチャネル化による顧客情報、商品情報、生産情報などの情報分析は各社の課題となる。この情報分析はめまぐるしく変わる企業環境と顧客の要望から試行錯誤の中で構築されていくため、これらの情報を素早く吸収し、自由に操ることによってサプライチェーン全体をコーディネートしていくリーダーシップが必要な能力となる。それゆえ、サプライチェーンの視点で考えるオムニチャネルを定義すると「顧客情報をネットワーク全体で共有し価値を最大化すること」となる。

4 ▶▶▶ おわりに

　ITに投資する企業は、ITの活用が業務効率性を高め、収益性を上げることを期待する。しかし、期待に反してIT投資がこれらの成果にあまり貢献しないことがあり、このギャップを説明する考えにITパラドックスというものがある。このITパラドックスが起こる原因について、多くの研究者は"ITアラインメントの失敗"を指摘する。ITアラインメントの失敗とは、事業戦略と情報システムの不調和が生む事業失敗である。

　本文では、オムニチャネル化には3つのインターフェースにおいてさまざまな課題が起こり得ることを検討した。これらの課題にうまく対処しないと、オムニチャネルにおいてもITパラドックスが発生する恐れがある。その対処には組織能力に対する理解が役に立つ。本節では、その組織能力として、調整能力、吸収能力、ITアラインメント能力、そして物流対応能力が必要になることを記述した。

　またこの節では、オムニチャネル化を阻む要因を取り挙げて、これらの要因の解決に役立つ組織能力を考察したが、最後にオムニチャネル化によって形成される能力について触れておこう。例えば、顧客接点が増えることは、顧客インターフェースにおいて顧客リンケージ（customer linkage）能力を高めて、顧客とのコミュニケーション能力を高める。多様な顧客接点から入手できる市場情報の分析によって情報の質が高まり、市場感知（market sensing）能力が高まる。これらのマーケティング能力は、需要予測能力や需要管理能力を高めるために（金 2013）、小売企業の商品企画能力を高めることが予想される。さらに顧客とのコミュニケーション能力や市場感知能力の高まりは、サプライ・チェーンにおける協調的関係を強化したり、協調的価値創造を促進することも考えられ、オムニチャネル化によって形成される能力についても考察が必要になる。

第VI章 オムニチャネルにおける SCM

1 流通フロー観点で見るオムニチャネル化の課題

　前章に続き、本章でもオムニチャネル化の課題に注目しながら成功への道を探りたい。オムニチャネルを巡っては、物流よりは、顧客とのコミュニケーションやチャネル間のデータ統合など、情報の流れに関心が集まっている。オムニチャネル化がICTを基盤にしているために、情報流の変化を捉えることが重要であることは言うまでもない。しかし、オムニチャネル化には決済や物流など、多くの領域においても新しい取り組みが求められるために、流通フローについて情報流のみではなく、商流や物流までを分析対象に入れて包括的に捉える必要がある。オムニチャネル現象に対する従来の議論がこの点を十分に配慮しているとはいいがたい。

　こうした問題意識を背景に、本節では、小売のオムニチャネル化に伴い、流通フローにどのような変化が起こり、どの課題が生まれるかについて記述する。そして続く2つの節で物流にフォーカスを当て、課題と解決について考察を行う。

　本節では以下の2つの視点を取り入れたい。この分析枠組みは、流通フローを多次元、かつダイナミックに捉えるものであり、課題が発生するメカニズムを理解する際に多面的な知見を提供すると思われる。

・流通フローを3つの次元（情報流・商流・物流）で捉える
・流通フローの変化を3つのステージ（分離・多様化・再統合）で区分する

1 ▸▸▸ オムニチャネル化と流通フローの分離

　商品特性によって若干の差はあるものの、小売店頭で購買を行う消費者の意思決定プロセスを「店へ移動→店内探索→店内購買→自宅へ移動」にまとめることができるだろう。このプロセスによって購買が行われる場合、3つの流通フロー（価格情報や新商品情報の流れを意味する"情報流"、商品の所有権の移転である"商流"、そして現物の移動を意味する"物流"）の統合度がきわめて高くなる。つまり、店頭購買には、3つの流通フローがほぼ同時間に、同空間で、（消費者という）同じ課業主体によって行われることになる。

　ところが、オムニチャネル・カスタマーの登場とこの消費者に対応する小売企業のオムニチャネル化によって、流通フローの統合がドラスティックに変わる。オムニチャネル・カスタマーが店内に現れることをショールーミングというが、オムニチャネル・カスタマーは、訪問先店で情報を探索しながらスマホを使って他店で購買するために、店側にフリーライディング (free-riding) のダメージを与える (Heitz-Spahn 2013)。オムニチャネル・カスタマーの登場が小売企業側に突きつける課題は、店内でのショールーミング行動のみではない。ショールーミングすらしないオムニチャネル・カスタマーが増え続けているのである。このような環境変化に対してIT技術を活用して対応しようとする小売企業の戦略行動がオムニチャネル化戦略である (Brynjolfsson et al. 2013 ; Rigby 2011)。

　オムニチャネル化戦略をとる小売企業は、販売チャネルを実店舗のみではなくECまで拡張する。消費者の購買意思決定プロセスにおいて、実店舗購買とEC購買の間には、時間・空間・課業主体において大きな差がある。EC購買の場合は、探索・注文と配送・運搬の間に、タイムラグが発生する。また探索と注文は、実店舗から離れたところで消費者が行い、運搬や配送は店側が行うために、空間面・課業主体面においてもズレが発生する。この流通フローの分離（タイムラグや空間面・課業主体面におけるズレ）は、企業側に機会のみではなく、さまざまな課題をもたらす。特にこの段階においては、次のような課題に直面する。

◆ 競争の強度が強まる

　商圏は販売エリア制約の意味もあるが、他方では商圏内で独占的市場が確保される意味もある。実店舗の商圏内競争は、概ね近隣小売との競争になるが、ネットではEC通販大手や、小売のEC事業など、数多くのライバルとの競争になる。ECで商圏の拡大を目指せば目指すほど、競争の強度が大きくなるのは逆説ともいえる。

◆ ビジネスモデルが通用しなくなる

　立地やサービス、差別的な品揃え、そしてサプライヤーとの協調的関係を競争優位の源泉にしている小売企業の場合は、その強みをそのままECで活用することが難しい。それは、実店舗とEC市場の生態系（商圏の形成メカニズム、ターゲット顧客、顧客とのコミュニケーション方式、サプライヤーとの間で構築されるルーチンなど）が異なることから起因するものである。

◆ 予想を上回る広告費用が発生する

　実店舗とEC間の生態系の違いは、費用としても現れる。実店舗では店舗が広告塔の役割を果たすが、ECではホームページを立ち上げても顧客に露出することはほとんどない。この状況を打開するために、EC上での広告販促費がかかり、この問題を避ける目的でECモールに出店を選択するとモール手数料が重荷になったりする。

◆ 消費者が消費者流通費用に気づく

　流通論では、消費者が消費までに行う活動（探索、移動や運搬、保管など）を消費者流通活動といい、その活動にかかる費用を消費者流通費用と呼ぶ（高嶋 2012）。消費者によって、また買われる商品特性によって違いがあるものの、実店舗では消費者流通費用を費用として認識しない場合が少なくない（金 2017）。例えば、近くのドラックストアで1000円分の商品を購入した消費者が、これらの商品を消費するために支払った総費用は1000円ではないはずだ。しかし、多

くの消費者は、流通費用の計算が難しいゆえに、自らが必要で移動したために、実際には発生する費用として認識しない。認識していなかった費用であるだけに、ECで買物の際に請求される送料を気にする。配送料を消費者負担とすることもできるが、配送料を価格負担として感じ取り、EC購買を敬遠する消費者もいる。そのためにEC販売における物流費用は、変動費以上の意味を持つ。この問題は、移動費用を認識しやすい買回品よりは、最寄品の方で顕著に現れる。

2 ▸▸▸ オムニチャネル化と各流通フローの多様化

　オムニチャネル化戦略に伴い、3つの流通フロー間の分離と同時に、各流通フローの多様化が進む。まず販売チャネルとして店頭販売にEC販売が加わり、マルチチャネル化が進む。消費者とのコミュニケーションも店頭からEC、そしてフェイスブック、ライン、インスタグラムなどのSNSへと広がる。また物流においても顧客接点を増やすことが期待される。実店舗販売の場合は、物流における顧客接点は実店舗になるが、オムニチャネル化には消費者の自宅までの配送が求められるために、物流における顧客接点が増える。

◆　複雑性問題が大きな課題になる

　前項では、オムニチャネル化に従い、小売組織構造が複雑化することについて触れた。ところがオムニチャネル化は単なる組織構造の複雑性のみではなく、タスク複雑性の問題を引き起こす。販売・コミュニケーション・物流において顧客接点が増えるほど、関連業務が増える。そして各接点からは、大量（Volume）で多様（Variety）な顧客情報がリアルタイム（Velocity）に企業側へ入ってくる。いわゆる3Vを特徴とするビッグデータが企業側に流れることになる。

　経営学で複雑性は、"異質性の量"として定義される（Dooley 2002）。顧客コミュニケーションのためにSNSを利用するほど複雑性が高まる（Pridmore & Hämäläinen 2017）。組織複雑性が増えるほど、結果の予測が難しいために、戦略

立案を妨げる。この状況においては、前章の終わりで触れたITアラインメント失敗が、複雑性によって促進される可能性があるのだ。

◆ **調整費用が高まる**

組織複雑性が増えるほど、誰の・どの活動によって成果が出ているかの把握が難しくなるために、公正な人事考課を妨げる。成果が出た場合も要因分析が難しいために、成功経験をデータ化し、組織内で共有して、ルーチン化することが大変な作業になる。組織内のイベントの頻度が増えるにつれて、知識の明瞭化およびコード化のメカニズムがますます複雑になり、コーディネートのためのコストがかかる（Zollo & Winter 2002）。

また投資と成果間の相関関係の評価が難しいために、オムニチャネル化に必要な資源を外部から調達するか内部化するかの意思決定もできなく、投資のための組織内コンセンサスを得ることが難しくなる。この状況においては、組織内の個人間、部門間（また事業部間）において、コミュニケーションが取れなくなるために、組織内のコーディネーション費用が高まる。組織内のコーディネーション費用が高まりは、（商品の価格管理や在庫管理費用、物流費用など）オペレーション費用として現れて、財務成果を圧迫する。

3 ▸▸▸ オムニチャネル化と流通フローの再統合

オムニチャネル化に伴い、"分離"されて"多様化"した流通フローは、"再統合"に向かって動き出す。流通フローの多様化に伴い増え続ける顧客接点の間で、データの一元管理が求められるのだ。それはオムニチャネル・カスタマーに対応するためでもあるが、企業側のオペレーションの効率を高めることが目的でもある。データの一元管理はデータを統合するだけではなく、更新し続けることも求められる。この段階における再統合は、店頭における3つの流通フロー（情報流・商流・物流）の統合とは異なり、事業部間でデータを統合することを意味する。

コーディネーション研究では、情報またはプロセスが統合されるほど、組織

複雑性が下がり、コミュニケーションが円滑に行われ、コーディネーション費用も下がると言われている（Suzulanski 1996）。しかし、この段階におけるデータ統合は、流通フローの多様化に伴い増え続ける関連業務をタイムリーで行うことを促すために、複雑性を下げるどころか、高める可能性すらある。

特にこの問題は、商品データよりは顧客データの統合において困難をきわめることが予想される。前章で触れたように、顧客データは、商品データに比べて知識管理が難しい。一方、ECと実店舗での顧客データベース統合も難しい。ECでは、IDで紐づけされているが、実店舗では、複数のポイントカードやストアカードを持っている可能性もあり、またなりすまして実店舗でのポイントを他人のネットアカウントに紐づけられる可能性もあるからである。複数の店舗ブランド（チェーン店）を持つ企業における顧客データベース統合はさらに難しい。なぜなら、各チェーン店でのデータベースが不完全であることもあるが、それを他のチェーン店での顧客データベースと紐づけることが困難をきわめるからである[i]。

4 ▶▶▶ 小括

本節では流通フローの変化に伴い、どのような課題が発生するかについて検討を行った。流通フローの分離・多様化・再統合に従って新しい課題が発生する。そして次の段階に進むほど、前段階の課題がより深刻化する可能性があることについて触れた。成功要因を探るためには、課題の発見と解決が重要であるために、この視点が読者のオムニチャネル化戦略の立案にヒントを提供することを願う。また商品特性やデータの異質性（この2つの要素を"調整変数"と呼びたい）によって異なる課題に直面することも考えられるために、調整変数の多次元性に注意を払う必要があることを強調したい。

ここまでの議論は、オムニチャネルの課題が、情報流のみではなく、物流など、さまざまなところで起こっていることを示唆する。小売企業の競争優位を

---

i　顧客データベース統合の難しさに関しては、分担執筆者の角井亮一氏のコメントを参考にしている。

語る上で欠かせないのがSCMであるが、オムニチャネルについて書かれている文献において十分な研究蓄積があるとは言えない。その理由のひとつは、既存の研究が顧客関係にフォーカスを当てており、サプライヤー関係と顧客関係を包括的に捉える視点が欠けていたことが指摘できる。流通フローの変化を分析視点にすることは、顧客関係とサプライヤー関係を同時に捉えるフレームを提供するために、次項でも続けてこの分析観点に立ちながら、物流全体を対象に、オムニチャネルの課題と解決に向けての考察を続けたい。

2 成功のためのSCM戦略：タイプ分け&分析

1 ▶▶▶ オムニチャネル化を進める際の課題

　業態間の「買物拘束時間」には大きな違いがある（図6-1参照）。「EC通販」は、商品検索しクリックする時間と宅配を受取する数秒だけである。商品が届くまでゲームやSNSなど自由な時間が持てる。「食品スーパーでの買物」は、自宅から実店舗に車で行き、駐車場の空きスペースを探して車を止め入店する。店内で買物を終えレジで精算し、駐車場で商品を車に積み込み、自宅に帰る。合計30分くらいの時間が拘束される。ショッピングモールなら、駐車場から店内に向かうだけで疲れてしまうケースもある。近くの「コンビニでの買物」でも、実店舗まで歩き、商品をレジで精算し自宅まで持って帰る、という手間がかかる。

　トイザらすが倒産した原因を、消費者の「買物拘束時間」に関する意識の変化として捉えることができる。子供と一緒に実店舗に入ると、親はゲームやSNSなどに費やせる時間が失われてしまう。その拘束を嫌い、玩具購入を実店舗からEC通販へ切り替えたことも倒産の一因であった。筆者はアメリカでカーブサイド・デリバリー（EC注文後、実店舗の駐車場で受け取りなど）で玩具が増えていたことを定点観察していたことから、2017年に玩具実店舗の存在の危機をすでに感じ取っていた。

　前述のカーブサイド・デリバリーも一例だが、「オムニチャネル」を「どん

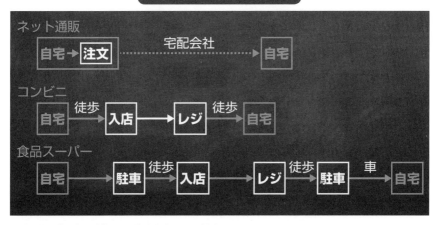

出典：角井亮一(2018)『すごい物流戦略』PHP新書, p.250.

な注文方法にも、どんな受け取り方法にも対応する、お客様満足度の高い商売の仕組み」と考えることができる。つまり、どんなデバイスで注文しても、どのチャネルでも商品情報が同じで、在庫情報と連動し、どこで購入しても顧客の購入履歴としてまとめられる、といったことが必要になる。

　オムニチャネル対応実現のポイントとして3つ挙げたい。まず「在庫の一元管理」である。EC、実店舗、物流センター、移送中のトラックの在庫をリアルタイムで一元管理することで、EC注文した商品を実店舗で受け取ったり、実店舗で返品できたり、A店の在庫をB店に送ってもらい購入することが可能となる。次が「価格の統一」である。ECで値段を調べて来店したのに、いざ実店舗にある商品を購入しようとしたら値段が違っていたでは、顧客からの信頼は得られない。どこで注文し、どこで商品を受け取ったとしても関係なく値段は統一されていることが重要となる。最後が「店員の教育」である。ECでも実店舗でも、顧客に対して同じ対応をすることが求められる。各ポイントへの対応事例を、ストックポイントの違いからをみてみよう。

写真　カーブサイドのピックアップポイント

出典：著者撮影.

図6-2　オムニチャネルでのフロー

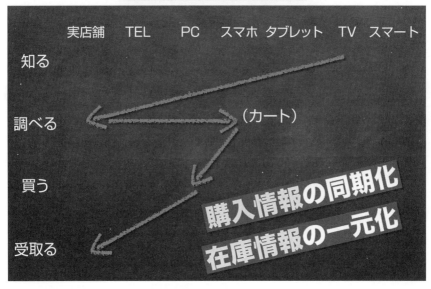

出典：角井亮一(2015)『オムニチャネル戦略』日経文庫, p.21.

2 ▶▶▶ オムニチャネル化の課題に対する取り組み例

◆ タイプ1 「店舗在庫」の活用

　実店舗を展開する場合、店舗在庫をEC注文の受け取りに活用する方法「ストアピックアップ」ができる。各地の実店舗に物流センターとしての機能を持たせ、一元管理されている店舗在庫でEC注文に対応する。世界最大の小売企業、ウォルマートでは全米5000店舗のネットワークを生かし、ストアピックアップに力を入れている。EC注文品の当日受け取りサービス「Pick Up Today」では、店内に入ってすぐの大きな案内が掲げた「Pick up here」にて、1時間くらいで注文品を受け取ることができる。

　米最大の楽器販売チェーン「ギターセンター」は、店内に「Now Buy Online（この商品は今この場所からオンラインで買えます）」というプレートが掲げられている。また専門知識の豊富な店舗スタッフも定評があり、全員が楽器を演奏する技術を持っている。ECで購入した商品も実店舗での修理受付ができ、初心者にもフレンドリーにアドバイスできる高度な接客技術も備えている。接客という面から、EC通販と実店舗の相乗効果をもたらすオムニチャネルを下支えしている。

　日本でも、専門知識に基づくアドバイスを強みに、「キタムラ」が店舗受け取り実績を伸長させている。EC通販「キタムラネット」の売上高は全体の約3割を占め、70%以上が送料無料の店頭受け取りを選択している。店頭受け取り時、知識豊富な店舗スタッフに購入したカメラの操作法を教えてもらい、店頭でアクセサリなどの追加購入をすることも多いという。

　先日、筆者が体験した「ヨドバシカメラ」を例にオムニチャネル経験の一例についてみてみよう。昼休みに立ち寄った会社近くのヨドバシカメラの実店舗で、気になるコーヒーメーカーを見つけた。会社に戻りパソコンから、ほかの種類を確認し、購入商品を決定。最寄り店舗は運悪く在庫切れだが、夕方出かける場所近くの店舗で、在庫を確認。決済はEC上で済み、帰りがけ、実店舗で商品を受け取った。ポイントもしっかりついている。筆者がしたことは、実店舗での商品の発見と、パソコンでの注文と受け取り場所の指定、そして商品

写真　ギターセンターでの店内ピックアップポイント

出典：角井亮一撮影.

写真　盒馬鮮生（フーマー）での飲食コーナー

出典：角井亮一撮影.

受け取り時のスマホ画面の提示だけである。

中国のアリババグループの生鮮スーパー「盒馬鮮生（ファーマーションシェン）」では、スマホアプリ経由で注文すれば、3km 以内の商圏には自宅までバイク宅配している。IT 技術を駆使してルート最適化やピッキングの人員配置などの経営効率化を図り、30分での配送を実現できている。北京にある実店舗は、日本の食品スーパーとは活気が違っていた。宅配用のピッキングをする人の数が圧倒的に多く、天井にはコンベアが流れており、ピッキングした商品はそのコンベアを通じて配送場所にどんどん流れている雰囲気があるからだ。店内で販売している生鮮品は、所定の料金を支払うと店内で調理してもらえ、そのまま施設内で食べることもできる。ロブスターとカニをボイルしてもらうと新鮮で味も抜群である。

中国のイオンも、店舗在庫からの宅配サービスを提供している。京東集団（JD ドットコム）のサービスを利用し、「5キロ圏内を30分以内で届ける」とうた

写真　KFC のデリバリー / イオンスーパーからのデリバリー

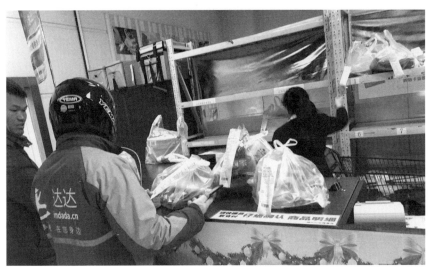

出典：角井亮一撮影．

っている。ここでもヘルメットをかぶった人たちが何人も店内を忙しく歩き回っていた。

　このように「実店舗在庫」を活用し「ストアピックアップ」できることは、「EC通販」の課題である「即座に消費したいニーズを満足できない」にも対応することができる。

◆　タイプ2　「物流センター在庫」の活用

　これまで実店舗は「商品を販売する場所」だった。しかし、EC発のオムニチャネルへの動きとして注目されているのが、在庫を置かない実店舗だ。実店舗で実物にふれたり、体験したりすることはできるが、商品は後日、宅配便で受け取るという仕組みである。EC通販からの購入が主軸となり、実店舗では在庫のためにスペースを割く必要もなく、店舗運営コストを抑えることもできる。2010年、アメリカで開設したメガネ通販サイト「ワービーパーカー」は、廉価ながらデザイン性の高いメガネを自社生産し、成長してきた。2013年にオープンしたニューヨークの実店舗では、店頭で商品を触って使い心地などを試してからEC通販で購入するショールーミングサービスをスタートした。

　2017年にウォルマートが買収した、男性向けアパレル通販「ボノボス」も、ニューヨーク、シカゴ、サンフランシスコなどに実店舗「ボノボスガイドショップ」を展開している。"試着専門店"で「試着したら買わなければいけない」というプレッシャーを感じることなく、思う存分に試着をすることができ、人気を集めている。

　日本のニトリは、2017年6月「ニトリ渋谷公園通り店」で「手ぶらdeショッピング」という新サービスをスタートした。アプリで店内の専用QRコードを読みこむと「ニトリネット」と連動し、簡単に買物処理ができるというサービスだ。ビルの1階から9階までの合計1510坪の売場面積では、家具を陳列すると効率の悪い陳列になってしまう。このショールーミングサービスは、利用者から好評なため、今後都心エリアでも展開していく計画だ。店舗在庫を配送するモデルではなく、最初から物流センター在庫を配送するモデルでは、実店

第Ⅵ章　オムニチャネルにおけるSCM　161

写真　ボノボスの店内

出典：角井亮一撮影.

舗も、物流戦略も変わってくる。

3 ▶▶▶ 新たな可能性は何か？

　小売・流通業界で、物流機能は裏方的な存在で、安ければ安いほうがいいという考えが主流だった。しかし現在、物流が差別化を生み、競争優位を確立する切り札になっている。特に生鮮品は、サプライチェーン全体を通した温度管理が難しく、ネットスーパーが身近になれば、オムニチャネルもより浸透するだろう。

　ここで、過去の失敗事例について触れたい。1996年に米国でオンラインのスーパーマーケット事業をスタートした「ウェブバン」があった。1999年に巨額の資金を調達し、最新鋭の巨大物流センターを建設する一方で、配送トラック

を購入し、ドライバーを雇用、自前の配送網を構築しようとしていた。しかし物流ノウハウもないうえ、十分な顧客獲得にも至らないまま広域での配送を試みたため配送効率も悪く、2000年に事業が行き詰まった。

　最近日本で、EC企業と実店舗企業との本格的な協業が動き出した。これまでネットスーパー事業は個々のスーパー単位で各社がそれぞれ行っていたが、事業の採算という点ではいずれも厳しいことが伝わっていた。そうした事業環境のなかでの物流機能との協業は、各陣営が本気で取り組むという意思表明かもしれない。

4 ▶▶▶ 小括

　この節では、オムニチャネル化に伴い、どのように物流対応をするかについて、2つのタイプ（店舗在庫の活用と物流センター在庫の活用）を中心に、ケースを交えながら記述した。前節でも触れたように、複雑性の問題の解決が全体条件であるが、例えば、ネットスーパー事業で勝つには「取扱いアイテム数がキーポイント」になると考える。取扱いアイテム数が多ければ、対象エリア内での注文総数はその分多くなる。アイテム数の差がそのまま注文総数の差にはならないが、アイテム数で10倍違えば、注文数は2倍くらいにはなる。同じ配送エリアで考えたとき、注文数が多ければ多いほど、配送効率も高まり、それだけ採算ベースに乗りやすくなる。この「複数カテゴリーの共同配送」は、「ネット通販」の課題である「物流費用の増加」に対する解決策ともいえる。図6-3は、1500アイテムと15000アイテムでの配達密度を表したものである。

　本章を展開するなかで、「どんな注文方法にも、どんな受け取り方法にも、対応する商売」がオムニチャネル対応であることを示してきた。今後もオムニチャネル化のキーポイントに適応できる企業が、顧客の信頼を受けるのは間違いない。

図6-3　アイテム数が多いほうが配達密度が上がり、配達コストは下がる

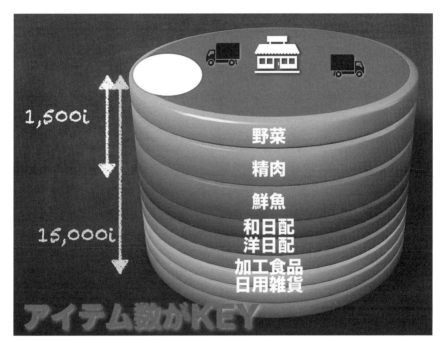

出典：筆者作成.

3 アパレル業界の場合：課題、解決、新たな可能性

　オムニチャネル化を考える中で特徴的な動きをしているのがアパレル市場である。この節ではアパレル市場を例に、オムニチャネル化のSCM観点での課題を考えていきたい。日本のアパレル業界の現状は地方百貨店の店舗縮小、アパレル企業のリストラなどから実店舗数は減少の一途である。その店舗の減少を補うようにECは毎年順調に伸びている。経済産業省の平成29年度「電子商取引に関する市場調査報告書」によると、日本の物販EC系市場で最も市場規模が大きいのは衣類・服飾雑貨等カテゴリーのアパレル市場である。その規模

表6-1　EC市場規模（物販系：単位：億円）

	2013年		2014年		2015年		2016年		2017年	
	市場規模	EC化率	市場規模	EC化率	市場規模	EC化率	市場規模	EC化率	市場規模	EC化率
衣料・服飾雑貨等	11,637	7.47%	12,822	8.11%	13,839	9.04%	15,297	10.93%	16,454	11.54%
食品、飲料、酒類	9,897	1.58%	11,915	1.89%	13,162	2.03%	14,503	2.25%	15,579	2.41%
生活家電、AV機器、PC・周辺機器等	11,887	22.67%	12,706	24.13%	13,103	28.34%	14,278	29.93%	15,332	30.18%
雑貨、家具、インテリア	9,638	13.17%	11,590	15.49%	12,120	16.74%	13,500	18.66%	14,817	20.40%
書籍、映像・音楽ソフト	7,850	16.51%	8,969	28.12%	9,544	21.79%	10,690	24.50%	11,136	26.35%
化粧品、医薬品	4,088	3.80%	4,415	4.18%	4,699	4.48%	5,268	5.02%	5,670	5.27%
自動車、自動二輪車、パーツ等	1,675	1.87%	1,802	1.98%	1,874	2.51%	2,041	2.77%	2,192	3.02%
事務用品、文具類	1,354	23.30%	1,599	28.12%	1,707	28.19%	1,894	33.61%	2,048	37.38%
その他	1,907	0.48%	2,227	0.56%	2,348	0.63%	2,572	0.75%	2,779	0.80%
合計	59,931	3.85%	68,043	4.37%	72,399	4.75%	80,043	5.43%	86,008	7.45%

出典：経済産業省平成29年度「電子商取引に関する市場調査報告書」．

は1.6兆円。EC化率は11.54％と毎年着実な伸びを示している。そのため、業界をあげて如何にECを取り込んでいくかが課題である。

　アパレルECの特徴は販売チャネルとしてのモバイルである。2014年以降モバイルアプリの劇的な進化によって日本のアパレル業界のEC対策はいかにモバイル対策を取れるかにかかっている。これまでアパレル製品はECには向いていないアイテムだと言われてきた。それは素材感、サイズ感がECでは伝わらないため買いづらいというものだった。それが各社の専用アプリの開発、ITを駆使した企業努力の結果、ここまでアパレルECの市場規模は大きくなってきた。

　例えばECサイトで性別、身長、服のカテゴリー（ジャケット、パンツ等）を選択すると自分の身長に近いモデルの写真で着用感を出せるようなECサイトの開発、過去に購入した商品のバーコードをスキャンするとネットにその商品のサイズ感が表示され購入しようとしている商品とのサイズ感の違いがネットで

分かるようなソフトの導入など、各社の試行錯誤の結果がアパレルECの規模の拡大につながっている。

　これらの試みの中で、今までの課題を克服するような新しいオムニチャネル対応の活動が進んでいる。それは、実店舗をショールーム化する動きである。ここではこれをショールーミングストアと呼ぶ。ショールーミングストアは店内に置くのはサンプルのみ。店内での顧客はスマホで読み込まれたアプリで商品のタグのバーコードを読み取り、試着室を予約、試着の際に商品説明など接客を受けた後、購買はすべてECで行い、商品はEC決済時に指定地に配送するというものだ。モバイルを使った消費行動を想定したカスタマー・ジャーニーを演出している。実店舗での試着の候補は何であったか、その中で最終的に何が選ばれたかといった購買行動履歴もデータとして確認できる。ショールーミングストアは販売の拠点であった実店舗をブランドの世界観を紹介するショールームに役割を変えるのである。この動きはアメリカのネットアパレルSPAであるエバーレーンやザラなどが取り入れ、日本でもそれに続く試みがされている。アパレル業界ではショールーミングストアとして実店舗をショールーム化することで実店舗の役割を替え、オムニチャネル化推進のひとつの方向性を示している。

1 ▶▶▶ アパレル業界のオムニチャネル化の課題

　ECの利便性は誰もが認めるが、アパレル商品は素材感、サイズ感がECでは伝わらないため実際の商品を確認する必要性がある。ECも実店舗を開設するなどオムニチャネル化の必要性は各社理解しその推進に向かっている。しかし、なかなか目に見える形でオムニチャネル化の成果は出てきていない。オムニチャネル化による消費者行動の変化は、それを受け止める小売企業に新たな課題を設定した。それは「消費者との接点でどのように実店舗とECの融合により新たな価値を提供できるか」ということである。オムニチャネル化によって①商流、②情報流、③物流の流通フローが変わってくる。この変化によってサプライチェーンの再構築が必要となるのである。

◆ 商流の変化

　オムニチャネル化による商流の変化とは、所有権の移転のタイミングが変わることである。アパレルの実店舗ではこれまで店舗で購買活動が行われた際に所有権が移転され商流は完結した。しかしオムニチャネル化によりさまざまなチャネルの中で、接点が増えることで時間的、空間的な制約がなくなり、場所、時間を選ばないシームレスなコンタクトが広がることで商流の複雑性は高まっていく。そのため、複数のチャネルをシームレスに管理するには新しい管理手法が必要である。具体的には実店舗で売上を付けるかECで売り上げを付けるかなど、組織のカニバリゼーションの問題が発生する。実店舗とECはどのように協力して新しい価値を提供していくかが大きな課題である。

◆ 情報流の変化

　アパレル業界における情報流の変化は次のように変わる。これまでの発注は、販売実績の結果の数字をベースにこれからの販売計画に基づいて商品を発注してきた。しかしオムニチャネル化はこの発注方式を一変させる。オムニチャネル化によってより精緻なデータが蓄積されるため、単に過去の実績からの発注ではなく、データに裏付けされた情報に基づきPDCAを繰り返していくことを可能にする。この変化は、これまでの人の暗黙知に頼った情報からデータドリブンな情報分析を可能にする。そのため発注の精度が向上してくる。現在は各社がそのデータを蓄積していく段階で、この情報戦を制したものが勝者となる。そのため、サプライチェーンでは顧客の要望を素早く共有し接客、商品企画に繋がる体制が必要である。また、消費者の情報収集能力の高まりはこれまでの消費者と企業の間の情報格差を埋める。このことは企業の提供するサービスの価値がよりシビアに評価されることを意味するため、価格競争に陥りやすく実店舗での接客の重みがより一層増してくる。

◆ 物流の変化

　商流、情報流の変化は否応なく物流の変化をもたらす。これまでの物流は仕

入れ業者から物流倉庫を経て各実店舗に配送されることだったが、ショールーミングストアは、実店舗をショールーム化することで店舗では商品を渡さない。商品は店舗を拠点には動かなくなる。このためこれまでの物流の流れから物流センターから顧客の指定地へ、またはサプライヤーから直接顧客の指定地に送られるなど、これまで以上にショールーミングストアを取り巻く物流はますます複雑化する。極論すれば、アパレルの倉庫に在庫を置く必要はなく、サプライヤーから直接消費者に送ってもらうことも可能になる。これらの物流に対する要求がより複雑になるため、サプライチェーンもこれへの対応が要求される。

2 ▶▶▶ショールーミングストアによる課題の解決

　これらの流通フローの変化に対してショールーミングストアは、従来の問題点であった①組織間問題、②実店舗運営コスト、③実店舗在庫、④商品ロスの問題の解決の方向性を提示している。

◆　組織間問題

　オムニチャネル化によって実店舗の売上がECに取られることで、店舗組織とECの組織間でのカニバリゼーションが問題となっていた。会社全体としては実店舗とECの両方を使う消費者の売上はどちらか片方のみを使う消費者よりも売上は大きいため、店舗とECが協力して売り上げを作っていく必要があるが、売上によって成績を評価されるため、どちらに売上成績を付けるかは大きな課題であった。ショールーミングストアは売上をECに統一し、実店舗の役割が明確になるためこれまでの組織間での問題を解決する。

◆　店舗運営コストの削減

　アパレル販売員の店舗での作業は多岐にわたる。店舗在庫の管理、店舗間の商品の出荷などがあるが、ショールーミングストアでは実店舗はショールームに特化し決済業務はECで行うため、店舗のこれまでの業務である在庫管理、

販売時の決済業務、現金の管理などから販売員を開放することで多大な管理コストが削減される。また、実店舗にはサンプルだけを置くためこれまでのように多大な床面積は必要なくなる。場合によっては常設店舗ではなく一定期間設置するポップアップショップで運営するケースも出てくるため、常設の店舗の維持費が削減可能となる。これらの事から店舗の運営コストが大幅に削減可能となることが予想される。

◆ 店舗在庫の削減

　ショールーミングストアではサンプルしか置かない。そのため、従来の店舗在庫を販売して売上を作っていく仕組みが大きく変わる。従来の売上拡大の方策はいかに店頭に効率よく大量の商品を送り込むかが課題であったが、たくさん置かれた在庫の管理をする必要が無くなるのである。店頭の在庫が大幅に削減されることで物流の流れも大きく変わっていく。毎日のように倉庫から店頭に、店頭から消費者に商品が動いていたものが物流センター（もしくは仕入先）から直接消費者の下に商品が動くため、物流は店頭を起点に商品が動くのではなく、物流センターを起点に動くため、店頭の在庫管理の負担は大幅に削減する。

◆ 商品ロス

　流行の変化の激しさから、商品のロスはアパレル業界の大きな問題である。消費者は商品ロスも見越した価格設定の商品を買っているのが現状である。顧客と企業の情報の非対称性が解消されていくことによって、ショールーミングストアは消費者に購買方法の妥協も要求してくる。その糸口が予約販売である。あらかじめ購入が決まっていれば、企業は商品ロスを価格に織り込まずに済み、消費者も無駄な商品ロスを含んだ価格で購入する必要もなくなる。ショールーミングストアでは予約販売も大きな方向性のひとつである。

3 ▶▶▶ 小括

　ここまでアパレル業界のオムニチャネル化の状況を見てきた。アパレル業界では、オムニチャネル化によってどのような新しい価値を提供するかというひとつの方向性としてショールーミングストアが出てきた。ショールーミングストアは従来の問題点であった①組織間問題、②店舗運営コスト、③店舗在庫、④商品ロスの問題の解決の方向性を提示するが、ショールーミングストアはネットとリアルの融合であるため、前提は実店舗の商品がネットで自社とネットで繋がっていることが前提となる。言い換えれば、店舗で折角商品説明をしても、他社のサイトで購入できる商品では企業の収益に繋がらないため、企業はショールーミングストアに置く商品が他で買われないような仕組みを作ることが必要である。具体的には、①自社開発商品の充実、②価格競争力があるなど他社のチャネル店舗で買うよりはこちらで買った方が有利な条件の提示が必要である。

　この節では、オムニチャネル化に従い発生する課題を流通フローの観点で検討を行った。流通フローの観点は、オムニチャネル化に伴い発生する課題が、情報流のみではなく、商流や物流においても広範囲で起こる可能性があることを示唆する。この問題を解決することは非常に難しいが、本文で紹介したケースは、「店舗のショールーム化」が解決の手掛かりになり得ることを示唆する。

　しかし、競争戦略の観点で見た場合、実店舗をショールーム化することは、物流を構築することが難しいなどの課題があるものの、この問題は物流処理能力の高い企業との取引を通して解決できるようになっており、競合他社が模倣することが難しい取り組みとは言えない。そのために、同じ業界で広がった場合には、この資源が競争優位の源泉になりにくいことに注意する必要がある。またこの取り組みは、食品やドラックストアなど、主に最寄品を扱う業界では、適用が難しいことにも留意する必要がある。実店舗をショールーム化することの前提条件として、①商品情報が複雑であるためにECだけでは消費者が十分な探索ができないこと、②商品注文から配送、そして消費までにかかる時間を消費者が容認すること、③配送における消費者の流通費用が企業側に転嫁

されるために、物流費用への対策が求められるが、ひとつの商品単価が高いほど物流費用負担が減ること、の3つを挙げることができる。最寄品よりは、買回品の方がこれらの条件を充足しやすい。そのために、業界特性を考慮した戦略判断が求められる。

第VII章 オムニチャネルにおける決済の戦略と課題

　前章でも説明したように、流通フローが分離することによって、決済も店頭だけでなくネット上や消費者の自宅などへと多様化する。決済に関わる業務の多様化は、業務の複雑性を高めるなど、いくつかの課題をもたらす。しかし、オムニチャネル化に伴い変貌する決済が企業側に与えるものは課題だけではない。

　ネット上の決済手段も多様化しているが、クレジットカードによる決済が主流になっている。クレジットによる決済には、購買者属性に関する重要な情報を得ることができるために、この情報を活用して顧客インサイトを高めることができる。またクレジットカードを決済する顧客との間では、情報活用をすることで、他の決済手段を利用する顧客に比べて関係性を強めやすいメリットもある。これらのメリットは、現金による決済では得られないものである。そのために、オムニチャネル化に伴い変わり続ける決済に、どのような戦略的意味があり、どのような課題があるかを考察することは本章の重要なテーマとなる。

1　オムニチャネル時代における決済の概念と重要性

　まず、オムニチャネル戦略の実現には、消費者の購買プロセスにおけるすべての体験をシームレスにつなぐプラットフォームが必要不可欠である。その中でも決済は、消費者・企業の双方にとってきわめて重要なプロセスであり、確実なコンバージョンの実現には決済のストレスフリーかつシームレスな遂行が強く要請されることは言うまでもない。本節では、オムニチャネル戦略におけ

る決済を①インフラ（テクノロジー）、②消費者嗜好性、③情報価値という3つの視点から整理する。

1 ▸▸▸ インフラ（テクノロジー）

　コネクティビリティやスマート・デバイスの普及がもたらす価値提供から価値共創へのシフトは、決済を含む金融サービスにおいてもFintechという世界規模の潮流の中で急速に進んでいる。Fintechとは、Finance（金融）とTechnology（技術）からなる造語であり、その目的は、従来にない膨大でさまざまな情報資源に対し、従来にない人工知能などの技術を活用することで、従来にない革新的金融サービスを創造し、スマート・デバイスを中心とした媒体を通じて消費者に提供することにある。その中でも決済は、消費者と金流を結ぶ重要な接点であること、また元来から数値化されているためデジタル化によるスケールがしやすいということから、Fintechの中でも重要な分野とされている。今後スマート・デバイスは、Fintechによるさまざまな金融サービスを実現する媒体になるとともに、決済を中心とした従来サービスに対しても窓口やATMに代替し、消費者を時間的・空間的な束縛から解放する新たな顧客接点になるであろう。

　米国では、当初こそFintechは、スタートアップが既存金融業務を分解（アンバンドル）し安価にスケールしやすい機能だけを担うことで、従来型金融機関の業務は破壊されてしまうのではないかとの懸念が盛んに議論されていた。しかし、現在では金融機関主導による技術導入が進み、スタートアップと協働することで分解された機能を最適な形で再集約（リバンドル）し、新たな業務プロセスを創造するという流れが主となっている。これは邦銀においても同様で、メガバンクを中心に積極的なFintechの導入に取り組んでおり、スマート・デバイスを媒体とした決済においてもデジタルウォレット[i]を中心にさまざまな

---

[i] 電子的な財布の意．銀行口座やクレジットカード等からスマート・デバイスに入金することにより活用される電子決済における財布．

決済サービスが提供されている。この結果、消費者は、スマート・デバイス上で自らが望むさまざまな決済手段を選択・実現することが可能になる。

一方、小売企業から見れば、さまざまな決済手段に対応する必要があるが、Fintechにおける決済サービスは安価にスケールすることを目的としており、例えば、中国のアリババグループが提供するAlipay（アリペイ）などQRコードを活用する決済方法においては、ソフト（アプリ）が必要ではあるものの、ハード（専用端末）は不要であるため、導入コストは安価であり、また、従来よりも決済手数料が少ない。このため小売企業から見てもスマート・デバイスを媒体とした決済には従来型手段よりもコストメリットがあり、その導入も促進しやすいと期待される。事実、Alipayは、中国のみならず世界中に拡大し、現在のユーザーは数億人規模に達している。

以上より、オムニチャネル戦略における決済のストレスフリー、かつシームレスな遂行という要請は、Fintechの潮流の中でインフラとして十分に実現可能であろう。

2 ▶▶▶消費者嗜好性

日本でのオムニチャネル戦略を決済という視点から捉える上では、消費者嗜好性の観点もきわめて重要だと考える。その理由は、日本固有の消費者特性として、購買プロセスのチャネルと決済のチャネルには強い非対称性が存在する点にある。図7-1、7-2のように日本の消費者の決済における現金の利用は圧倒的に多く、諸外国と比べても多いといえる。これは、決して我が国の電子決済のインフラが不足しているわけではなく[ii]、強盗・盗難などのリスクが相対的に低いとされる国の安全性、家計金融資産の半分程度を現預金で保有する国民性、などを理由として消費者の現金に対する安心感が非常に強いことにあると考えられている。この結果から、日本では自らの嗜好で現金決済を選択す

---

ii　むしろ1970年代から電子決済のインフラは急速に発展し、諸外国と比べても決して劣るものではない．

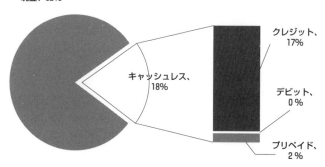

図7-1 民間最終消費支出における決済比率（2015年）

出典：日本クレジット協会「日本のクレジット統計」（原典：BIS統計）より著者作成．なお，現金決済はキャッシュレス以外の決済としている

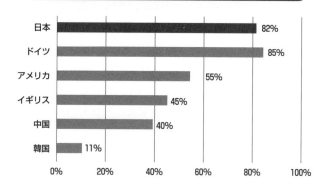

図7-2 現金決済比率の諸外国との比較（2015年）

出典：経済産業省「キャッシュレス・ビジョン」（原典：世界銀行，BIS統計，Better Than Cash Alliance）より著者作成．現金決済の定義は図7-1と同様．

る消費者がきわめて多いということが推察されるであろう（図7-1、7-2参照）。

　この日本固有の消費者特性は、オフライン→オンライン型のオムニチャネル戦略を実現しようとする日本の伝統的小売企業にとっては、特に重要なものであろう。なぜなら、これら企業の既存顧客は、現金決済が主であり、購買プロ

セスの顧客接点がオムニチャネル化によりスマート・デバイスを媒体としたオンラインチャネルを中心としたものに劇的な変化を遂げるとしても、決済手段は従来通りの現金を選択する、つまりは、コンバージョンをオフライン・チャネルで望む消費者が多いと推察されるからである。このため小売企業は、消費者に対し購買プロセスをオンライン－オフライン間でシームレスにつなぐプラットフォームを提供するとともに、消費者が購買を意識したタイミングでは現金決済が可能なオフラインへと誘導し、消費者のストレスフリーなコンバージョン実現を支援する必要がある。これは言い換えれば、コンバージョンまでのラスト・ワン・マイルを現金決済の嗜好性を考慮したオフライン・チャネル（従来店舗）への戦略的な誘導で埋める、ということになろう。

　以上のように、企業はチャネル間をシームレスにつなぎながらも、各チャネルを一様（フラット）と捉えるのではなく、消費者の決済嗜好性を考慮し、従来店舗に戦略上の重みを与える必要がある。すなわち、日本の伝統的小売企業のオムニチャネルは、シームレスでありながらフラットではない戦略を意識したものになるであろう。この店舗誘導などを含む個々の消費者の嗜好性を考慮したオムニチャネル戦略の実現には、決済情報を中心とする消費者のさまざまな電子化された情報資源を活用したビッグデータアナリティクスが鍵となる。

3 ▶▶▶ 情報資源

　企業におけるオムニチャネル戦略の本質が個々の消費者のシームレスなマネジメントにあるならば、ビッグデータアナリティクスの観点からは企業内の情報資源として顧客識別子によるシングルソースデータの存在を要請することとなる。この新たな情報資源により、売上や収益などさまざまな指標は顧客単位で管理され、商品単位・店舗（エリア）単位・チャネル単位で従来も管理されていた各種指標は、個々の顧客の積み上げによって算出するような体系変化がもたらされることになろう。これは決済情報においても同様であり、従来は無記名であった現金[iii]が顧客識別子により記名され顧客単位で管理されることになる。

銀行を中心とした金融機関は、口座を媒体として現金の記名化を行うことが可能な数少ない業態である。この特性を活かし、邦銀の一部には決済情報を含む膨大な情報を顧客単位で管理する MCIF（Marketing Customer Information File）と呼ばれるきわめて理想的なシングルソースデータが古くから存在し、その蓄積期間が10年を超える情報も珍しくない。金融機関では取り扱い可能な財・サービスがきわめて少品種であり、競合他行との差別化が困難であるため、この MCIF によるビッグデータアナリティクスが差別化戦略の大きな柱となってきた。MCIF は、購買予測や嗜好性把握、そしてリスク管理など、マーケティングやリスク分野での一般的な顧客管理だけでなく、顧客の自宅・勤務先を考慮した上での顧客接点の時間的・空間的な偏りから、休日・曜日・時間帯を推定した効率的なアウトバウンドの実現（特許第5850592号）など、さまざまなビジネスシーンで活用されている。その中でも決済情報は顧客と金流を結ぶ貴重な情報資源であり、顧客の取引特性や嗜好性の把握においてきわめて重要な役割を担っている。

　小売企業のオムニチャネル化の実現過程においては、銀行の MCIF のような情報資源が構築されることになるであろう。この情報資源を利活用したビッグデータアナリティクスは、オムニチャネルという戦略の中で先に述べた実店舗誘導のケースだけでなく、銀行と同様に小売企業が抱える「低価格化」や「コモディティ化」を要因とした競合他社との差別化の課題を解決するためのさまざまな戦略に有益なものになると期待される。その中でも、Alipay の手数料が低い理由は決済収益よりも利用者増加による決済情報の収集拡大に重きをおいている点にあるように、小売企業がオムニチャネル化によって収集する顧客単位で管理された決済情報は、従来にない新たな情報価値の創造につながるであろう。

---

iii　これまでは現金が無記名であったため，現金がまとめられる単位（商品，店舗，チャネルなど）で売上や収益が管理されていた，という整理になる．

4 ▶▶▶ 小括

　ここまで決済という視点からオムニチャネル戦略を考えてきた。先に述べたとおり、日本は決済インフラを含め金融サービスが十分に行き届いた国であるにもかかわらず、消費者が現金決済を好むというきわめて異質な嗜好性を有している。現在、中央官庁を中心に現金主義の是正、すなわちキャッシュレス社会にむけた議論や取り組みが盛んに行われており、将来的には現金決済の時代は終焉を迎えることになるのかもしれない。しかし、それでも我が国の現状は多くの消費者が現金決済の嗜好性を有していることも事実[iv]であり、この事実をどのように捉え、どのような戦略を立てるのかという点に「日本版オムニチャネル」実現にむけたひとつの重要な要素がある。

2 決済とロイヤルティ・プログラムの関係

　前節において、オムニチャネル時代における決済の重要性について、「インフラ（テクノロジー）、消費者嗜好性、情報価値」という3つの視点から考察した。

　次に、本節において、オムニチャネル時代における決済とロイヤルティ・プログラム（含む、ポイント）との関係について考察する。

1 ▶▶▶ ロイヤルティ・プログラムと決済について

　まず、小売業やサービス業が導入しているロイヤルティ・プログラムについて、以下で説明する。「ロイヤルティ・プログラムとは、顧客にポイントやマイルを付与することにより、企業の財・サービスを繰り返し購入するインセンティブを与えるセールスプロモーション（以下、SP）手法である」（大雄・中村・岡田 2011；中川 2015）。

---

iv　2008年から2016年のキャッシュレス決済は11.9%から20.0%（経済産業省　キャッシュレス・ビジョン）と確実に拡大しており，約8割程度が現金決済である．

今日、ロイヤルティ・プログラムとして代表的な TSUTAYA の T ポイントや楽天の楽天ポイントなどは、両社が顧客を囲い込むための CRM 戦略の一環として実施している SP 手法である。

　小売企業がロイヤルティ・プログラムを検討する際、ポイントと値引きの有効性を理解しておく必要がある。中川（2015）は、以下の興味深い研究成果を発表している。「値引率・ポイント付与率が低い水準においては、値引きよりも同額相当のポイント付与の知覚価値の方が高いことが明らかである。また、低関与商品における SP 手段としては、値引きよりもポイント提供の方が有効である」。

　今日、小売企業は、スマホの普及に伴い、決済方法の変化に直面している。前節でも述べたが、従来、日本では現金決済が中心であり、加えて、クレジット決済、電子マネー決済（Ex. Suica、楽天 Edy、Waon、nanaco など）が存在していた。しかし、今日では、新たにスマホでのコード読み取り型の QR コード決済、あるいはバーコード決済が急速に普及しつつある。現在、中国では、Alipay（アリババ）、WeChatPay（テンセント）、アメリカでは、Amazon Pay（アマゾン）、Google Pay（グーグル）、Apple Pay（アップル）、日本では、LINE Pay（ライン）、楽天 Pay（楽天）、Origami Pay（オリガミ）、d 払い（NTT ドコモ）、PayPay（ソフトバンク）、merpay（メルカリ）などが存在する（図 7-3、図 7-4 参照）。

　図 7-3 でもわかる通り、日本において、コード読み取り型の QR コード決済、あるいはバーコード決済を推進しているのは、EC 企業である楽天やアマゾン、SNS 企業である LINE、メルカリ、IT 企業であるアップル、グーグル、携帯通信キャリアである NTT ドコモ等である。彼らはなぜ QR コード決済をこれほどまでに普及させようとしているのか。その理由は、カスタマー・ジャーニー上、もっとも重要な購買時における顧客毎のデータである「決済情報」を手に入れたいからである。

　従来、この決済情報は、金融業（銀行、クレジット会社）の独占であった。特に、銀行は、預金、融資、為替同様に、決済業務を収益源として重要視してきた。また、この決済データをベースに、顧客に対して預金提案や住宅ローンや

図7-3 キャッシュレス決済の種類

新たに注目されるコード決済

決済方法＼支払い方法	前払い（プリペイド）	即時払い	後払い（ポストペイ）
接触型（プラスチックカード）	プリペイドカード（LINEペイカードなど）	デビットカード（VISAデビットカードなど）	クレジットカード（国際ブランドが付いた各種カード）
非接触型（NFC、フェリカ方式）	電子マネー（Suica、WAON、nanaco、楽天Edyなど）	電子マネー（JCB Contactless）	電子マネー（QUICPay、iDなど）
コード読み取り型　各社が新サービス展開	QRまたはバーコード（LINEペイ、ペイペイ）	QRまたはバーコード（オリガミペイ、楽天ペイ）	QRまたはバーコード（楽天ペイ、アマゾンペイ、d払い、オリガミペイ、ペイペイ）

出典：「乗り遅れるな！キャッシュレス」『週刊ダイヤモンド』2018年9月29日号, p.33.

学資ローンなどの融資を行っていたのである。

　一方、コード読み取り型のQRコード決済を普及しようとしている上記EC企業などは、決済手数料で儲けることにあまり執着していないのが特徴である（図7-5参照）。彼らは、決済手数料でビジネスモデルを構築するのは難しいと考えている。彼らは、個人や中小店舗小売企業である加盟店からの決済手数料を極力安くし、加盟店自体の数を増やそうとしている。その結果、加盟店から集まる決済データの数が増えることにより、その決済情報からわかる顧客の購買履歴データの収集の方に重点を置いている。彼らは、ビッグデータ分析には長けている。EC企業として培ってきたデータ分析能力を活かし、顧客満足度を高めようとしているのである。楽天やアマゾンなどECは、従来の決済のモデルを破壊し、銀行を介さず、決済情報を得ようとしている。彼らは、次の段階として、実店舗における購買時の決済情報を得て、さらに、自社のエコシステム（経済圏）を拡張しようとしている。現在、彼らは、自社の決済システムを

図7-4 コード読み取り型のQRコード決済、あるいはバーコード決済のポジショニング

各社が自社の「経済圏」拡大を狙う
新興勢の立ち位置と勢力図

キャリア系

d払い
- ECでは1500万人がすでに利用
- 携帯電話料金合算払いで若年層も取り込む

ネット通販系

R Pay
- 9900万の楽天IDを基盤としてポイントで囲い込む
- 楽天カード、楽天銀行など金融事業を展開
- 今後、携帯キャリアとして決済アプリとの連携が可能

コミュニケーション系

LINE Pay
- LINEユーザー7600万人のうち3000万人が登録
- コミュニケーションの手段として普段から利用される

amazon pay
- デスクトップPCで1700万、モバイルで3800万のユニークビジターを抱える（ニールセン調べ）
- Amazonアカウントがあれば即時利用可

中立系

Origami Pay
- オープンプラットフォームで中立性を保つ

参入予定

merpay
- 1000万人の月間アクティブユーザー
- 月間300億円がメルカリに滞留

PayPay
- ヤフーウォレットで4000万超の顧客基盤
- ソフトバンクグループのリソースを活用できる

出典：「乗り遅れるな！キャッシュレス」『週刊ダイヤモンド』2018年9月29日号，p.52.

第Ⅶ章 オムニチャネルにおける決済の戦略と課題　181

図7-5　決済モデルの変化

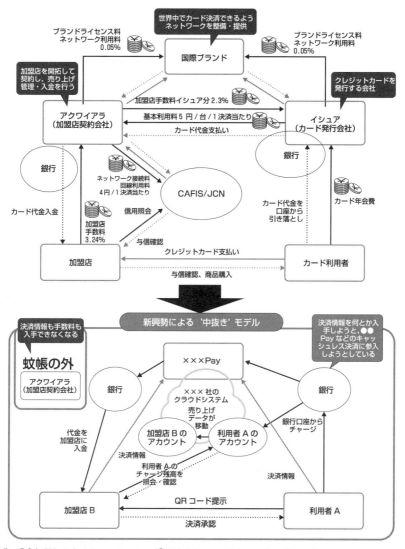

出典:「乗り遅れるな！キャッシュレス」『週刊ダイヤモンド』2018年9月29日号, p.51.

使ってもらうために何をし始めているのか。その鍵を握るのが、「ポイント」である。特に、楽天は、EC販売において、楽天ポイントの付与をフックに、楽天市場、および楽天トラベル等のグループネット関連ビジネスの中でポイントを活用した決済システムを構築した。このポイントを活用したビジネスモデルを今度は、楽天Payを使い、店舗企業にインフラを提供し、ECから実店舗へのチャネルシフトをしかけようとしているのである。中国でいうところの、ニューリテールの発想そのものである。

最後に、オムニチャネルにおいて、決済とポイントは車の両輪であり、顧客接点のひとつだと言える。この顧客接点において、顧客に対し小売企業はどのようなサービス品質を提供できるかは、今後、経営戦略上、非常に重要となることは間違いないであろう。

2 ▶▶▶ EC・実店舗における決済とポイントについて

オムニチャネルにおける決済は、顧客視点で考えるとカスタマー・ジャーニー上、もっともストレスフルなものである。実店舗であればレジ待ちのストレスが大きいが、ECではその影響はさらに大きく、決済入力が面倒だから買うのを止めるといういわゆる"かご落ち"といわれる離脱点ともなってしまう。実店舗では支払いが面倒だから買うのを止めるというのはあまり発生しないので、ここは大きな違いである。

いくつもの情報を入力する会員登録や、このサイトにクレジットカード番号を入力して大丈夫なのかと気にしながらの入力作業だけでも面倒なのに、不正カード拡大への防止策としての裏面3桁のセキュリティコード（CVV、CVC等）やカード会社に登録したパスワードの入力などを求められ、さらに顧客の煩雑さは膨れ上がっている。

一方、事業会社からすればカード利用手数料は高く、少しでも下げることができるならばと、いつも頭を悩ませている。大手ECで2％台、中小ECなら3〜4％台が普通だが、不正利用・盗難などに対する顧客保護のためのチャージバック制度により、EC事業者はチャージバック対象となった取引について

は負債を抱えることになる。

　だからこそ EC で注文し実店舗で受け取るクリック＆コレクトは、EC 上で先に決済することもできるし、実店舗受け取り時に決済することも選択できるので、顧客にとっても利便性は高い。事業者側でも実店舗で支払いならチャージバックも気にしないで済む。

　この EC における決済は、今までは自社でどこかの決済代行会社と接続して、前払い／後払い、クレジットカード／銀行振込／コンビニ払い／電子マネーを顧客が選んで、与信が通ったら顧客の注文は完了し出荷作業に進むのが普通だった。ところが AmazonPay や楽天 Pay などではこうした個別 EC での会員登録と決済代行会社との接続を不要とし、AmazonID 等で決済できる仕組みを提供する。顧客はいくつもの EC で会員登録や決済情報を入力する必要がなくなり、その利便性と安心感によって、カスタマー・ジャーニー途中での脱落を防ぐことができる。

　こうしたネット上での AmazonPay や楽天 Pay はそれぞれのポイント経済圏と合わせて実店舗に進出することで、その経済圏を強化することができる。中川 (2015) にあるように、ポイントの囲い込み効果は、EC よりも、物理的移動が面倒な実店舗の方が高い。そこで EC と実店舗で共通のポイントとして利用頻度を上げ、使える拠点を増やすとともに、他にスイッチしにくい実店舗によるポイントと決済利用の習慣性を作り上げることができると、そのことが EC 側での習慣性つまり顧客の選択を指向させてリピート購買にも結びつくのだ。

　先に触れたデータ収集と決済の観点だが、EC の世界の情報だけでなく、これからは実店舗での行動・購買データが組み込まれていくことも大きい。アマゾンによる AmazonGo の開設やホールフーズの買収、アマゾン書店の展開はまさに実店舗での行動データを収集し、その顧客行動を分析し、EC 上と実店舗上での行動データの差異や共通性などを見つけ、リコメンドや商品開発につなげて顧客満足度のアップを図ることでの利益の拡大を目指している。アマゾンの場合はリテールとしてだけではなく、プラットフォームとしてその分析や

マーケティング情報をマーケットプレイスに参加する事業会社にも提供することで、さらに顧客満足度を高め、事業としての収益性も高めている。

　交通系に続く流通系の電子マネーは、2007年にWAONとnanacoをその大きな始まりとしていいだろう。イオンの電子マネーWAONは無記名で、一方、セブンイレブンのnanacoは記名式で始まった。WAONは生活必需品の買い物にポイントが付与されるため、幅広い顧客層を取り込み、発行枚数・利用回数ともに大きく成長した。その後、イオンフィナンシャルサービスという事業グループ化され、銀行、カード、電子マネー、保険事業が一体化する中で、アプリやECサービスにおける利便性を享受するためには、顧客はイオン銀行口座、イオンクレジットカード番号、WAON番号を一ヵ所に登録することになった。その結果、無記名だったWAONが、より個人の金融・生活情報と密着する形となっていった。

　ポイントや割引というメリットからすると、イオン銀行で住宅ローンを組むと、日常のイオンでの買い物が割引になるという顧客誘引施策が事業を超えて行われ、ホールディングス全体での事業ポートフォリオにおける統合的な利益を見込んだマーケティング施策が展開されていく。

　nanacoがその初期にグループ内での展開を進める中、WAONはカードビジネスで蓄積されたイシュアとアクワイアラというカードビジネスモデルを活用し、発行枚数・利用数ともに大きく伸ばしていく。日本各地の世界遺産や観光地ごとにイシュアとしてカード発行権を付与し、その券面でPR活動を行い、その地で発行したWAONが"ご当地WAON"として決済に利用されるたびに、イシュア手数料が収入として自治体などの発行者に入る。また利用額に応じた寄付が発生するというものもある。一方、その決済自体はアクワイアラとしてイオンクレジットサービスが行って手数料収入を得るというメリットだけでなく、各地のイシュアが付与したポイントは、イオングループで利用されることで、コストはイシュア、売上利益はイオンという二重のメリットを享受できる構造になっている。

　nanacoもその後、GSとの提携などの異業種での利用拡大によって、徐々に

普及度を上げていく。先行していた交通電子マネーの拡大とともに、流通系電子マネーの拡大となった。こうした電子マネーの拡大は、現在のLINEPayなどの現金以外の電子決済の普及を助けることになっていると考える。

　このように決済とポイントは切り離せないものとなってきているが、ポイント自体は、企業では値引き原資と考えられている。しかしながら企業の観点からすると、本来はポイントというインセンティブを提示することで個人情報を入手するための対価である。貨幣と同様に流通価値のあるポイントを提供することで、顧客のログを収集しているのだ。この点では早期に共通ポイントカードを展開したTカードや、その後に続くPONTAカードなどは、事業会社単位ではなく、広く社会に普及させてビッグデータから施策を考えるためにポイント付与と情報分析をビジネスモデルにした事業であるといえよう。

　最近の中国のニューリテールにおける決済は単なる電子化だけではなく、社会インフラと決済の統合された姿である。公共料金の支払いを取り込み、給与口座まで連動することで、その個人の経済的な信用度、支払い能力が数値化される。中国語で平台（プラットフォーム）があらゆるビジネスのキーワードになっていて、いかに社会インフラとして展開できるかが重要なのである。その時に決済とECやSNSが密接に結びつき、ECの世界だけではなく実店舗でも使えるというのは顧客にとって非常に便利である。

　顧客の利便性でも注目は、決済機能としてのミニアプリ機能である。決済機能としてID登録もされているウィーチャットペイ、アリペイのアプリの中で、各事業会社のサービスアプリが新規の会員登録もダウンロードも必要なく使える点である。ECでも実店舗でも使えるこうした決済インフラとしてのデジタルペイメントのインフラに各事業が出店するモデルは、これからますます広がるのではないかと思われる。この決済とポイントが表裏一体の関係として顧客に浸透し、日常の利便性を高めるとともに、データ収集と分析が進み、パーソナルなお勧め情報の整備が進むことで、顧客は更なる利便性を享受することができる。

第VIII章 オムニチャネルの成果指標

　第VIII章では、企業にとって、オムニチャネルの投資対効果をどのように測るか、すなわち、「成果」について、以下4つの視点から考察する。ひとつはオムニチャネル時代における成果指標の現状と今後のあり方、次に成果指標のフレームワークのあり方、そしてオムニチャネル先進企業の成果指標事例：カメラのキタムラ、最後にチャネルシフトを踏まえたマーケティングROIについてである。

1 オムニチャネル時代における成果指標の現状とこれから

　「No Measure, No Management（計測なくして、管理なし）」。これはある状況をコントロールする場面における成果指標の重要性を説いた言葉であり、生産管理、管理会計、マーケティング・マネジメントなど経営管理のさまざまな文脈において語られる言葉である。当然、小売業のマーケティングも例外ではない。ダイエットをする人が体重や体脂肪率を成果指標として設定し、日々確認し続けるように、望む成果を上げるためには成果指標を設定し、常時把握しておく必要がある。本節ではオムニチャネル時代においてこの成果指標をどのように用いるべきかについて考察する。
　オムニチャネル時代における成果指標について考察するに当たり、この観点から本項では、現在の成果指標について整理した上で、あるべきオムニチャネル時代の成果指標について議論する。はじめに現状を踏まえて将来の成果指標について検討することの意義について述べておきたい。例えば、ある小売業者がオムニチャネルに移行したとする。だからといって、これまで社内で用いら

れてきたマーケティング上の成果指標を完全に捨て去ることは困難であろう。もし成果指標がこれまでのものと関連しないものに一変すれば、現場は混乱するであろう。最悪の場合、現場が反発することすらあり得るだろう。

　逆に、オムニチャネルに移行しながら、これまでの成果指標をそのまま引きずり続けるのにも大きな問題がある。オムニチャネル化によって生じた新たなビジネスチャンスを拡大するためには、オムニチャネルの中で生じた現象を取り込んだ成果指標を設定する必要がある。それができなければ、目指す顧客と自社の関係が実現されることも、オムニチャネル化が社内全体で推進されることも困難であろう。

　以上のように、組織全体を巻き込んだオムニチャネル化を実現するためには、長期にわたり社内で醸成された価値観を否定することなく、現在の成果指標を起点に、有るべき方向に変化していくことが求められる。そのため本節では、現状を把握した上で将来像について検討する。

　一般的なチェーンストア小売業において用いられている成果指標の現状について整理する。いうまでも無く、小売業がオムニチャネルに移行するか否かに関わらず、小売業の最終的な成果指標は「利益」ないしは「売上」である。小売業の利益規定要因は、図8-1のように整理できる。そして、チェーンストアであれば、バイヤーや店長には、ある一定範囲内の利益、売上に対して達成目標が設定される。それは利益予算や売上予算などと呼ばれる。

　バイヤーであれば商品カテゴリー単位で予算が設定され（図8-2でいえば列単位）、店長であれば店舗単位（図8-2でいえば行単位）で予算が設定される。当然、利益、売上の増減を規定する要因は複数あり、それはより細かくブレイクダウンすることができる。またブレイクダウンをすることで、マーケティング・アクションがそれらの要素に及ぼす影響も相対的に明確になる。その影響の度合いを踏まえつつ、店長やバイヤーは予算達成に必要な行動計画を立案する。例えば、あるバイヤーが担当商品カテゴリーの客単価が伸びない、という課題を抱えていたとする。客単価を高めるには、多くの要因があり、何から手を付けるべきか判然としない。そこで、客単価を規定する要因をブレイクダウンし、

図 8-1　小売業の利益の規定要因

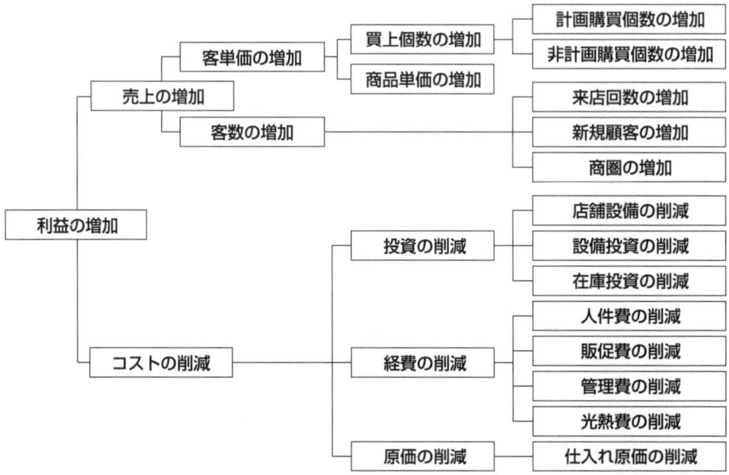

```
利益の増加 ─┬─ 売上の増加 ─┬─ 客単価の増加 ─┬─ 買上個数の増加 ─┬─ 計画購買個数の増加
　　　　　　│　　　　　　　　│　　　　　　　　│　　　　　　　　　└─ 非計画購買個数の増加
　　　　　　│　　　　　　　　│　　　　　　　　└─ 商品単価の増加
　　　　　　│　　　　　　　└─ 客数の増加 ─┬─ 来店回数の増加
　　　　　　│　　　　　　　　　　　　　　　├─ 新規顧客の増加
　　　　　　│　　　　　　　　　　　　　　　└─ 商圏の増加
　　　　　　└─ コストの削減 ─┬─ 投資の削減 ─┬─ 店舗設備の削減
　　　　　　　　　　　　　　　│　　　　　　　├─ 設備投資の削減
　　　　　　　　　　　　　　　│　　　　　　　└─ 在庫投資の削減
　　　　　　　　　　　　　　　├─ 経費の削減 ─┬─ 人件費の削減
　　　　　　　　　　　　　　　│　　　　　　　├─ 販促費の削減
　　　　　　　　　　　　　　　│　　　　　　　├─ 管理費の削減
　　　　　　　　　　　　　　　│　　　　　　　└─ 光熱費の削減
　　　　　　　　　　　　　　　└─ 原価の削減 ─── 仕入れ原価の削減
```

出典：流通経済研究所編(2016)『インストア・マーチャンダイジング』日本経済新聞出版社, p.16.

商品単価を高めるという目標に改めることで、高単価のプレミアム商品を品揃えに加え、レギュラー商品からプレミアム商品へのスイッチを誘発するPOPを掲出……など具体的な行動計画に立案し、当初の客単価を高めるという目標達成を目指すことになる。

　問題は、この「利益」、「売上」をどこまでブレイクダウンして成果指標として設定するか、である。前述のように、結果である「利益」、「売上」を漠然と増加させようとしても困難である。また、その規定要因すべてを事細かに成果指標としても混乱するだけである。その成果指標のうち重要な規定要因に絞り込むことが求められる。

　このようなチェーンストアにおいて、店長とバイヤーという異なる立場で異なる範囲の予算管理を行いながら衝突が生じにくいのは、**図8-2**のように、双方がそれぞれの構成要素になっているためである。衝突はむしろ行の中、列の中同士で起きる場合の方が多い。例えば、客単価が一定の場合、あるカテゴ

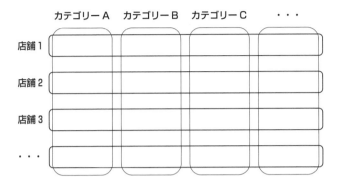

図8-2　チェーンストア小売業における予算管理のフレーム

出典：筆者作成.

リーの購買が増えれば、別のカテゴリーの購買が減ることになる。その結果、カテゴリー間は競合する関係となり、相互協力関係が築けなくなるセクショナリズムが生じる。例えばクロスMDなどの企画を実施する際に、バイヤー間で合意が形成されず、企画が実施に至らない場合などがある。また店舗間の方も、ある一定地域に集中的に店舗を出店するドミナント戦略の場合、近隣店舗間の商圏が重複することがある。この場合、店舗間で顧客の取り合うカニバリゼーションが生じることになる。例えば、1人の顧客の来店を促すために、双方の店舗がセールスプロモーションを行った場合、一方のセールスプロモーションは無駄となるため、投資効率が悪くなる。これらの衝突を多少抱えながらも多くのチェーンストア小売業では、このような成果指標が設定され、用いられている。

　次に、成果指標は小売業が収集する顧客データの深化によって変化する点について触れる。1990年代以降、多くの小売業がFSPカードを導入した。その結果、従来からPOSデータを通じて捉えてきた販売実績の要素「いつ、どこで、何が、いくらで」に「だれが」という要素が加わった。FSPデータの登場により、一般に2割の優良顧客により8割の売上がもたらされるという2：

8の法則が多くの小売業にあてはまることが確認された。

このデータの深化により、客数（レシートの枚数）と客単価（レシートの合計額）をそれぞれ最大化するという目標から、優良顧客の数と顧客生涯価値を最大化するという目標に変更する小売業が登場した。言い換えれば、全顧客の「客数×客単価」から優良顧客の「客数×客単価×来店回数」のように、売上規定要因のブレイクダウンの仕方や成果指標を変える小売業が登場した。

このように成果指標が変化しても店長とバイヤーは上手く連携を図ることができる。なぜならば、ある店舗の優良顧客は、同時にあるカテゴリーにおける優良顧客だからである。店長とバイヤーはその優良顧客の離反を防ぎ、購入金額の維持・拡大を目指すことになる。また、このような顧客レベルでのアプローチを店長やバイヤーが従来業務に加えて実施するのは困難であるため、多くの場合、CRMの専門部隊が組織される。この専門部隊を通じたダイレクト・マーケティングによって、優良顧客の維持・拡大が図られ、その活動は店長やバイヤーにとって自身の成果指標に対する援護射撃となる。したがってCRMの専門部隊が組織されることでのコンフリクトはほとんど生じない。

本節の最後に、オムニチャネル時代における成果指標のあり方について述べたい。前述のように、データの深化は成果指標の変化を促進する。店舗小売業がオムニチャネルに移行した場合、新たにEC上の顧客の購買履歴やサイト閲覧履歴（アクセスログ）などの情報が収集できるようになる。それらを通じて、実店舗とECの棲み分けや、購買時点だけではなく購買前後の会員の閲覧行動を捕捉できるようになる。

実店舗とECが一体となって、目指すべき成果を上げるためには、これらのデータから把握される成果指標を設定する必要がある。特に閲覧履歴の総数をブレイクダウンした成果指標の設定が重要になる。なぜならば、閲覧履歴を通じて、コミュニケーション・メディアとしてのECの価値がどのように高まっているかが評価されるからである。

またCRMの観点からは、小売業と顧客との結びつきの深さである顧客エンゲージメントについて閲覧履歴から捕捉できるようになるからである。さらに

従来からの成果指標である「売上」も「実店舗の売上」、「ECの売上」に分割されることになる。必然的に、EC責任者には、ECの利益・売上を成果指標とした予算が設定される。

　オムニチャネル化にあたっては、このときある衝突が生じる。仮に実店舗の売上を維持したまま、ECの売上が加わるのであれば大きな問題は生じない。しかし、実際にはECの売上の一部は、実店舗の売上を奪う形で拡大することになる。実店舗の店舗間競争であれば近隣店舗同士のカニバリゼーションで済んだが、ECはチェーンの全店舗とカニバリゼーションを起こす。しかも、松田 (2017) で述べられているように、優良顧客ほど当該チェーン内のチャネルを複数利用する傾向にある。つまり、店舗の売上の大きな比率を占める優良顧客の購買の一部が、同チェーン内とはいえ他のチャネルに流出する。この事態は、店舗売上を成果指標とし、その中核に優良顧客の購買を想定する店長にとってきわめて憂慮すべき事態である。しかも、その事態を作り上げているのは、チェーンストアの本部である。オムニチャネル化とは、(チェーン間競争に勝ち抜くためとはいえ) 店長からすれば自身が目指すべき成果を本部が阻止してくる政策に他ならない。

　また、実店舗を持たないECに対するオムニチャネル化の強みは、店舗で実際に商品を手に取って見られることにある。ただし、品定めを実店舗で行い、実際の購買はECで行うショールーミングが拡大する場合、店舗側のモチベーションは大きく低下する。成果指標である売上を増やすために行った店内におけるマーケティング・アクションが成果に繋がらず、ECに横取りされると分かれば、マーケティング・アクションが停滞するのはごく自然なことであろう。このことについて Rapp et al. (2015) は、オムニチャネル化の結果「実店舗はショールームである」との認識を持ったセールス担当者の業績にマイナスの影響が出ることをデータ分析から明らかにしている。実際に代表的なオムニチャネル小売業である米国の Macy's は、好調なECの影で既存店売上高の前年対比が大幅低下し、既存店の大量リストラを実施している。既存店売上高の大幅低下は、ECに顧客を奪われているだけではなく、店舗側のモチベーショ

ン低下が影響していると考えた方が自然であろう。このようにオムニチャネル化により成果指標の売上が、実店舗の売上、ECの売上に分割され、管理されることはきわめて自然な対応であるが、一方で重大な副作用を伴う。

　このような衝突を回避するためには成果指標はどのように用いられるべきか。その答えのひとつが、ECと実店舗の成果指標を紐付ける考え方である。米国の Home Depot は BOPS（一般には Buy Online Pick-up in Store と呼ぶが、同社では Buy Online Deliver From Store と呼ぶ）をオムニチャネル戦略の中核に据えることでECの売上が実店舗の売上と紐付けている。特に、近年は既存店を増やさず、オムニチャネル化への投資を集中したこともあり、既存店売上が継続的に向上している。また日本において実店舗とECの売上を紐づけた展開について、後述のカメラのキタムラの例がある（詳細は本章3節を参照）。

　これまでの議論を整理しよう。小売業の成果指標は、データの深化に伴い変化してきた。また、成果指標の管理主体である店長、バイヤー間で衝突を起こさない予算管理体制が構築されてきた。（店舗小売業の場合）オムニチャネル化によって、ECでの購買履歴と閲覧履歴というデータが収集される。オムニチャネル化にあたっては、ECの閲覧履歴を活用した成果指標が設定されるようになる。また、従来から成果指標である売上、利益も実店舗とECに分割されて管理されることになる。しかし、その際には実店舗とECが優良顧客を取り合うカニバリゼーションが生じ、店舗側のモチベーションが大きく低下する危険性がある。その事態を避けるためにはECと実店舗の成果指標を紐づけて管理する体制が必要になる。

2 成果指標のフレームワークのあり方

　本節では、現在、企業のオムニチャネル戦略に関わる経営企画、マーケティング、デジタル担当等の経営幹部の方々が、自社の経営者（CEOやCOO）から以下の質問をされた際、どのように回答すべきかの示唆を与えている。「オムニチャネル戦略を実施した際、一体いくらの投資が必要で、その結果、どれぐ

らいのリターンが見込めるのか」。

　上記経営陣からの質問に対し、オムニチャネル戦略を推進している責任者であるあなたは、一体どのように答えるべきか。現状、以下のように答える方が大半であろう。「ひとつは、顧客とのエンゲージメントの強化、もうひとつは、CLTV（顧客ライフタイムバリュー）の最大化を目指します」。

　この答えは、決して間違ってはいない。しかし、回答としては不十分である。なぜならば、オムニチャネルの本質が抜け落ちているからである。オムニチャネルの本質、それは、奥谷（2016）がいうところのカスタマー・ジャーニーにおける「顧客時間の可視化」にヒントがある。オムニチャネル時代の新しい投資対効果を考える際、「顧客視点でお客様の購買導線をオンライン、オフラインをストレスなく、シームレスにつなぎ、態度面、行動面において、カスタマー・ジャーニーの Step 毎（過去の経験→購買前段階→購買段階→購買後段階→将来の経験）に KPI を設定する視点」が重要となる。具体的には、図8-3 における Lemon & Verhoef（2016）の「カスタマー・ジャーニーと経験のプロセスマップ」に見合った KPI を設定するのである。ここで注意すべきは、顧客ロイヤルティや顧客エンゲージメントなどの態度面だけを見るのではなく、売上、収益、来店頻度、CLTV 等の行動面の KPI も同時に設定することである。

　従来も、企業において、コーポレートブランドや商品ブランドの効果指標を図る上で、「パーチャスファネル（認知→好意度→総合評価→購買意向→購買検討→購買）」毎の KPI 設定は実施されてきた。主に、アッパーファネル（認知から総合評価）は態度面、一方、ローワーファネル（購買意向から購買）は、行動面を意図していた。最終的には、認知度を高め、それぞれのファネルをできるだけ太くすることにより、最終的な購買率を高めようとしたのである。しかし、パーチャスファネルの弱点は、あくまでカスタマー・ジャーニー上の「現在の顧客経験（購買前段階から購買段階）」しか捉えていない点にある。やはり、消費者の購買行動を過去の経験、現在の顧客経験、そして、将来の経験までを動態的に一貫して捉える KPI 視点がオムニチャネル時代のマーケティング上、必要不可欠なのである。循環型の KPI 視点が重要であるといっても良いだろう。

もうひとつ、オムニチャネル時代における KPI 視点として、佐藤（2018）の主張するファンベース思想を理解することは重要である。佐藤は、ファンベース思想の中で、自社のビジネス上、2 割のファンが売上の 8 割を占めており、そのファンを大切にすることを主張している。いわゆる、2：8 の法則であり、関係性マーケティングの重要性を説いている。また、2 割のファンの内、ファン度がさらに高いたった 4％のファンをコアファンと定義している。この 4％のコアファンが、周りの消費者に対し、自社ブランドの良さを推奨してくれるアンバサダーになるというのである。今日、Google や Facebook などの多くのマーケティング先進企業において、上記推奨度を測る KPI 指標として、「NPS」が用いられている。ただし、ネットプロモータースコア（以後、NPS）の推奨者の中には、実際には購買しないファンも含まれているため、どれだけそのコーポレートブランド、製品ブランドに対し、熱狂し、無二の存在と認め、応援したくなるかを KPI 化したトライバルメディアハウス社の「熱狂度」の KPI 指標をつけ加えるとなお良い（図 8-3 参照）。カスタマー・ジャーニーの各段階における顧客接点をベースに、NPS と熱狂度を加えた構造モデルが、オムニチャネル時代の新たなフレームワークになり得るであろう。その際、定量的な KPI 数値だけで判断するのではなく、定性的な質問として、「どのタイミングで、そのコーポレートブランド、あるいは商品ブランドを推奨したくなったのか、その理由、どの顧客接点が推奨するにあたり重要であったか？」などをフリーコメントとして調査、分析することも有用である。

　さらに、もうひとつ、オムニチャネル時代の KPI を捉える上で、重要な視点がある。Kotler et al.（2017）は、Marketing 4.0 において、その KPI は、「購買行動率」と「ブランド推奨率」であると述べている。彼は、オムニチャネル時代において、上記カスタマー・ジャーニーやパーチャスファネルに近い概念として、5 A という新しい概念を主張している。これは、AIDA の進化形である。すなわち、5 A とは、AWARE（認知）→ APPEAL（訴求）→ ASK（調査）→ ACT（行動）→ ADVOCATE（推奨）を指す。5 A は、財や関与度の違いにより、さまざまな類型を示す。例えば、お菓子などの消費財はブランドに対する

図8-3 カスタマー・ジャーニーと経験のプロセスマップ

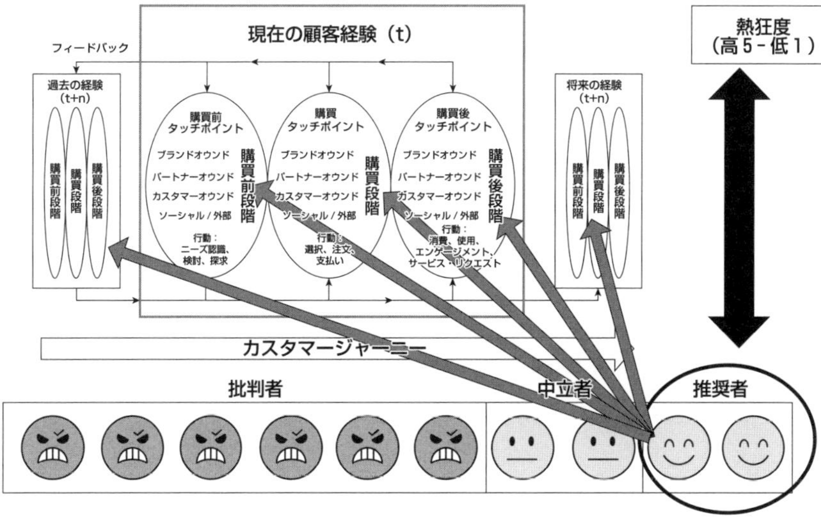

出典：Lemon, K. N. & Verhoef, P. C.(2016) "Understanding Customer Experience throughout the Customer Journey". *Journal of Marketing*, 80（6），p.77, および，佐藤(2018)『ファンベース：支持され，愛され，長く売れ続けるために』ちくま新書，p.249からの引用を基に一部加筆修正．

低い愛着のため、認知がすべてであり、広告などの積極的なマーケティング・コミュニケーションが必要である。また5Aの目標は、顧客に対し認知から推奨へいかに早く進ませるかにかかっている。その際、マーケターが利用できる影響力は3つあり、「自身」、「他者」、「外的」である。最初に、顧客は外的影響を受け、次に他者の影響を受け、最後に、顧客自身の影響を受けるそうである。

　上記オムニチャネル時代における5Aの概念を踏まえた上で、Kotler et al.（2017）がKPIとして重視している「購買行動率」と「ブランド推奨率」を以下にて説明する。

　まず、購買行動率（PAR）は、「企業が自社を認知している人々を購買行動にコンバートすることにどれぐらい成功しているかを測定するKPI指標である」一方、ブランド推奨率（BAR）は、「企業が自社を認知している人々を忠実な推

図8-4 ブランド推奨率（BAR）のメカニズム

出典：Kotler et al.（2017）『コトラーのマーケティング4.0』朝日新聞出版, p.120.

奨者にコンバートすることにどれくらい成功しているかを測定するKPI指標である」。

上記にて、ブランド推奨率（BAR）のメカニズムを図示する（図8-4参照）。

特に、コトラーは、5Aにおける認知→訴求→調査→行動→推奨における現時点から次の段階へのコンバージョンに問題があるのかを詳細に分析する視点が重要だと述べている。例えば、5Aにおける最終段階の「行動」から「推奨」へのコンバージョン率が低い場合、「親近感」のイメージが弱く、顧客の感動が足りていないことに原因があり、「推奨」にコンバージョンしないのではないかと仮説を立てて、検証を進めるべきであると述べている。このような仮説検証が、オムニチャネル時代には顧客の態度、行動データを用いることにより、分析が可能となるのである。

最後に、オムニチャネル戦略上、どのような研究上のフレームワークが考えられているかを以下にて紹介する（図8-5）。この図は、本章の4節で詳しく述べられるが、Katsikeas et al.（2016）による「マーケティング成果チェーンと尺度例」である。

ここでの注目ポイントは、「顧客（＝個客）視点」でKPIを見ることである。決して、これまでの小売企業が重視していた「バスケット視点」で見てはいけ

第Ⅷ章 オムニチャネルの成果指標

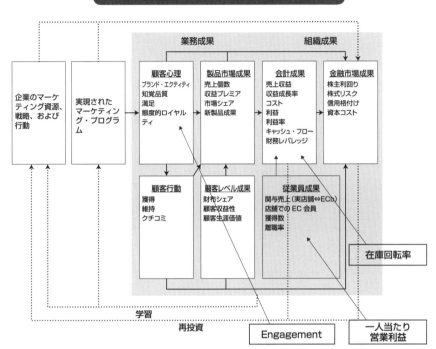

図8-5 マーケティング成果チェーンと尺度例

出典:Katsikeas, C. S., Morgan, N. A., Leonidou, L. C. & Hult, G. T. M. (2016) "Assessing Performance Outcomes in Marketing. *Journal of Marketing, 80* (2), p.3 を基に一部加筆修正.

ない。従来、小売業は、実店舗売上自体を商品バスケットの最大化の視点でKPIを設定してきた。すなわち、商品バスケット×客数＝実店舗の売上の考え方である。その実店舗売上から人件費や商品の仕入れコストを引くと、実店舗の営業利益になる。しかし、今日のオムニチャネル時代においては、消費者は、買物をする上で実店舗もECも差はなく、便利で、楽しい買物（快楽性）を望んでいる。よって、従来の商品、実店舗ベースのKPI発想ではなく、「顧客毎のカスタマー・ジャーニーを踏まえたKPI発想」に転換しないといけない。その際、上記**図8-5**に追記したが、行動面では、PL（損益計算書）上の「1人

当たり営業利益」、BS（貸借対照表）上の「1人当たり在庫回転率」で見るべきなのである。また、態度面では、「顧客エンゲージメント」は外せない。さらに、もうひとつ大切なことは、次項で詳しく説明されているが、「従業員の評価」をどうするかである。そこでは、「EC関与売上」という発想が今後必要となる。

オムニチャネル戦略が企業に浸透するかどうかは、このEC関与売上の浸透にかかっているといっても過言ではない。オムニチャネル戦略に失敗している企業の多くは、従業員のモチベーション向上で躓いているケースが多い。このモチベーションは、まさにエンパワーメント（権限移譲）であり、それを推進するためのKPIのひとつがEC関与売上なのである。このEC関与売上が全社に浸透すれば、小売業の永遠の課題である「離職率」も必然的に下がるはずである。これも、オムニチャネル化に成功した小売企業にとってのご利益なのである。

3 オムニチャネル先進企業の成果指標事例：カメラのキタムラ

オムニチャネルにおいて難しいのが、何を成果とするのか、そして関わった組織や人をどのように評価するのか、ということである。

ビジネスである以上、財務・非財務に関わらず、何らかの数値化できる形にしなければならない。

小売・流通において、まずクリアしなければならないのが"売上＝評価"という軸である。売上を上げた店舗・部署・組織にのみ評価がつくという今までの思考では、オムニチャネルにおける評価は難しくなる。同様に、成果についても売上のみを見るのではなく、その分解要素としての客数やそのリピート、複数店舗・EC・アプリ経由での利用というまさにオムニチャネルの各接点からの同一顧客の利用を成果として、組織共通で評価しなければならない。

以下、オムニチャネル先進企業であるカメラのキタムラの成果に関する事例について述べる。

キタムラのビジネスモデルとしては、大きく4つある。カメラなどのハード

第Ⅷ章　オムニチャネルの成果指標　199

表 8-1　キタムラ2018年 3 月期実績

A：宅配売上	138.67億円〈EC 事業部売上計上〉
B：店受取売上	288.14億円〈店売上に計上。EC は同額を評価〉
C：EC 関与売上	426.81億円〈EC 事業の総合評価〉

出典：株式会社キタムラ　2018年 3 月期決算説明会資料より。

　ウェアと関連アクセサリの仕入れ販売事業および中古買取販売事業、プリント・フォトブックなど写真印刷事業、スタジオマリオにおけるスタジオ記念撮影と写真印刷事業、iPhone 修理事業である。そのそれぞれにウェブの入り口がついている。以前はそれぞれ別の URL となっており、顧客側からも複雑だっただけでなく、社内でも数値把握が難しく、必要な機能である認識はありながら、どこまで投資してよいのか経営判断が難しかった。
　キタムラは先進的に EC に取り組み、その成果を体感していたが、その見える化においてはまだ正確には実現できていなかった。その答えが**表 8-1**の「EC 関与売上」である。
　EC 事業部としての売上は、A の自社サイト、およびネットモール（Y!、楽天、アマゾン）における"ネット受注＆宅配出荷"の集計売上である。事業部としてこの売上とそこから自部門の各経費を差し引いた利益が年間予算化され、達成目標として取り組んでいる。既存の多くの小売・流通企業における EC 事業部門も同様であろう。キタムラは、ここに B の店受取受注も成果として含めている。いわゆる"ネット受注＆実店舗受取"である。まさにこの成果をどう評価するのか、非常に悩ましい部分である。企業によっては、実店舗に売上を付けつつ、EC 事業部には売上に応じた社内手数料を発生させて事業部収益を成り立たせたり、また別の企業では、EC の売上となるために実店舗側が協力を拒むという事例さえあった。その中でキタムラは、売上・利益はすべて実店舗の財務諸表上につけ、評価としては実店舗に財務評価、EC にも同額の貢献評価を付け、ダブルカウントとしたのだ。財務諸表上の売上・利益をダブル

カウントする訳にはいかないが、評価としてダブルカウントすることは問題ない。そしてEC事業部の成果は、Aの宅配売上だけではなく、Bの実店舗受取受注金額もカウントしたCのEC関与売上の最大化となった。社内対立をなくした評価軸を導入することで、企業全体の成長を促す関与売上の最大化が主な評価対象となり、EC事業部の成果＝キタムラ全体の成果となった。このことにより、本部の店舗バイヤーとECバイヤー、店舗の担当者までが協力しあうことができるようになった。なぜならそれぞれがEC関与売上の最大化で評価されるからだ。それぞれの部署の評価が企業全体の成果と結びつくことで、オムニチャネル化はさらに加速した。

こうして数値化された成果と評価軸以外にも、店舗オペレーションの改善などの成果もある。キタムラ社内では"ご利益（りやく）"と呼ばれるものだ。タブレットを店舗接客に導入して取寄せ売上を拡大しながらも、その在庫確認・売価確認・入荷日確認などのプロセスは、EC事業部と本部が協力して情報を入力・更新し、メーカーからもEDI（電子受発注）によって決められた営業日内にメーカー出荷日回答を受けることにより、その煩雑さを解消した。また写真プリント、フォトブック、年賀状印刷の注文をネットやアプリ経由を増やすことによって、繁忙期の店内混雑の緩和と顧客の待ち時間の減少を実現した。実店舗にとってはEC事業部とEC受注は、自分たちを支援するものであり、社内競合するものではなくなったのだ。

また専門店ならではの初回の利用のしにくさを、ネット上に多くの情報を公開することによって来店動機につなげることができるのも、オムニチャネル化のご利益のひとつといえよう。

このように企業全体における財務諸表上の成果と、オペレーショナルな非財務諸表上の成果を正しく評価するためにも、社内各部署が協力し合える評価軸を定めて実施することは経営の大きな課題であり、オムニチャネル化が常に全体最適を意識せざるを得ない理由である。

今後の成果や評価について、マーケティングの視点から期待されるものにLTV（ライフタイムバリュー）がある。今まではPOS登録つまり販売時点での情

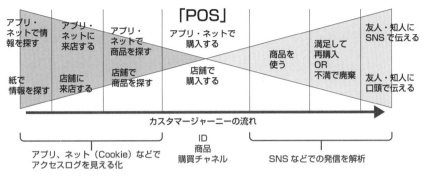

図8-6 カスタマー・ジャーニーファネルにおける成果指標

出典：逸見光次郎(2018)筆者講演資料より抜粋。

報しかなかったが、現在はアプリのログデータやWEBでのcookie情報を拾うことで、「来店前→来店→店内回遊→購買→購買後の拡散→再来店」という購買前後のファネルが広く見える化されている（図8-6参照）。

売上とはこれまで、「商品（もしくは顧客）単価×客数」を定義としてきたが、この変化により、「客数（新規顧客＋既存顧客）」の中身をそれぞれに分けて捉えることができるようになった。さらに既存の中も休眠復活やリピートなど頻度別に分けて捉えることができ、顧客ごとに再来店を促すアプローチ施策を個別に考えることができるようになっている[i]。このことから今後は、いかに顧客のリピートを高めているかというLTVが指標化され、施策や店員、コールセンターのオペレーターの評価も、売上・利益だけではなく、顧客満足を高めて、再来店・再利用を促すことに貢献したことがもっとも評価されるようになるだろう。この過去からの「売上＝評価」思考、および「客数より商品重視」思考からの脱却が、企業におけるオムニチャネル化の必須検討事項になるのである。

---

[i] 売上に含まれない形で、休眠顧客が存在。新規＋既存＋休眠＝総顧客

4 チャネルシフトを踏まえたマーケティング ROI

　これまでマーケティングに対する成果指標について、学術面でのフレームワーク、そして実際の企業における事例の両面から、成果指標について検討を行ってきた。それを受けて本節では顧客起点を特徴とするオムニチャネル化を推進していく中で、マーケティングの成果指標がどのように変化していくかについて検討をしていきたい。

　CMO（チーフマーケティングオフィサー）の平均勤続年数が短くなっている状況下において、マーケティングが企業の成果に対してどのように貢献しているかを明確にすることの重要性は増加する一方、その実現は容易ではない。個々の施策の指標が、業務レベルでの施策の成否を測定することはあっても、さまざまな要素があるために、企業の収益に対する影響を把握するのは容易ではない。また実務面において、例えば NPS（ネットプロモータースコア）のように、指標としては高い値の方がいいものの、利益という面ではより高い値を目指せば目指すだけ投資が必要となる指標では、利益面から見た最適なスコアを把握することは難しい。

　一方、2節でも触れたとおり、このテーマに対してはさまざまな研究が行われてきたが、マーケティングの施策レベルでの成果と企業レベルの業績に対する影響の双方を包括的にまとめたフレームワークの一例として、マーケティング成果チェーンが提唱されている（Katsikeas et al, 2016、図 8-5 参照）。では、このフレームワークをオムニチャネルの文脈で考えた場合に、どのような点がポイントとして考えられるのか。

1 ▶▶▶ 「人」を軸とした指標の深掘り

　本書全体を通じたオムニチャネルの特徴として「顧客起点」へのシフトが挙げられるが、成果においても「顧客行動」「顧客レベル成果」のような点に、その特徴が見られる。当たり前の話ではあるが、小売業は商品を販売する業種

であるため、さまざまな指標において「商品」が軸となっている。

　一方で、売上という指標を商品で考えた場合、それは、「販売商品数×単価」によって表すことができるが、同時に人を軸にした場合は、「平均客単価×購入者数」として考えても同じ結果となる。そのため、Bradlow（2017）は Σ products（Revenue − Cost）= Σ customers（Revenue − Cost）と表現し、ライフタイムバリュー（LTV）のような顧客ベースでの指標について、従来の商品ベースの指標を別の角度から示すものと位置づけている。

　CRMなどに見られる通り「顧客ベース」という考え方は必ずしも新しい考え方ではなく、売上についての議論を行う時に「客数×単価」という式に異が唱えられることはない。また対外的にも小売企業の月次での業績データや四半期毎の決算説明などで、客数が指標のひとつとして扱われていることは従来から行われてきた。さらにこの顧客を軸とした意思決定を日常の業務で行うためには、商品予算管理計画のために利用される際の指標のひとつとしてGMROI（商品投下資本粗利益率）と共に、顧客セグメントをベースとした指標の活用が考えられる。

❷▸▸▸成果範囲の拡大

　次に、人ベースでの指標における近年の大きな変化として、行動データを中心とした対象範囲の拡大が考えられる。これまでも購買データに基づきRFM分析などを行うことで、個別のパーソナルな対応を目指そうという取り組みは行われていた。一方で、顧客との接点が拡大した結果、単に購買時だけにとどまらず、購買前から購買後までのより広い範囲で顧客を深く理解することができるようになった。

　購買前の消費者に対してセール情報を伝えるために、興味関心や場所などの要素に基づいてターゲティングを行い、よりパーソナルな広告メッセージを配信して、実店舗への来客数を把握することが可能となっている。一例として、西友は実店舗の周辺のユーザーに対し、1日の時間別来店者数と店舗の証券情報に基づき、ユーザーセグメント毎にもっとも適したクリエイティブを配信

し、売上額は、広告配信ありのエリアにおいて2.3%増、来店人数（レジ通過人数）は2.2%増という成果を確認している（Google 2016）。

また、購買後についても、実際に商品を利用した際の経験に基づき、消費者が好意的あるいは否定的なコメントをSNSなどで発信したり、そのコメントに対して「いいね」やリツイートなどをすることで、購買後の体験から次の購入に対して影響が及ぶこともある。必ずしも自分では購入額が高くなくても、このようなインフルエンサーとしての価値を評価していくことなど、購買以外のカスタマー・ジャーニー全体の中での人ベースでの指標の検討への取り組みが求められている。

3 ▸▸▸ 行動ベースの指標と態度ベースの指標の統合活用

最後に、一連の購買プロセス全体で顧客をより深く理解してアクションを取るために、カスタマー・ジャーニー全体で行動ベースの指標と態度ベースの指標のマッピングを検討していくことが求められる。

オムニチャネル以前の時代においては、売上や購入前後の行動などを包括的に捉えることが難しかったため、「どう客数を増やすか」という議論が難しく、仕入商品やプライベート商品開発など、製品観点での議論が主に行われてきた。それが近年のスマホなどの普及により「顧客の見える化」が進んだ結果、従来のプランニングが販売商品→購入者数という流れだったものが、購入者数→販売商品というように、最初に「何を売るのか」という商品ベースでの予算組み上げだけでなく、「誰に売るのか」という客数ベースでの予算組み上げなど、「人」ベースでの計画と、それに伴い「人」ベースでの成果指標の活用が可能となっている。

そのため、商品軸と顧客軸双方からの議論が行えるために、人ベースの指標の基本となるNPSのような態度ベースの指標と、購買データなど従来のCRMをはじめとして購買前から購入後までのユーザーの行動の指標を設定して統合的に活用していくことが重要と考えられる。

あとがき

　本書は、小売業のオムニチャネルについて、その本質、登場と発展の背景、オムニチャネル・カスタマー、戦略と組織、そして成果と、さまざまな側面から考察したものである。オムニチャネルの実践が日々、進化し、それに関する学術研究が蓄積されるなかで、本書が目指したのは、オムニチャネルの表層をなぞるのではなく、少し立ち止まって、その現象が何であり、何が変わろうとしているのかを明らかにすることであった。本書の締めくくりとして、オムニチャネルの重要性を改めて確認することとしたい。

　あらゆる小売業がオムニチャネル化を進めていると言っても過言ではないだろう。それは企業の規模を超え、業態を超えて推進されている。その一方で、オムニチャネルが大きな成果をあげ、成功している、という事例は必ずしも多くないかもしれない。オムニチャネルを先導し、影響力のある大規模小売企業のなかには、オムニチャネル戦略全体を見直す動きも出ている。しかし、そうであるとしても、オムニチャネルの重要性が薄れるわけではない。

　逆説的に、オムニチャネルが存在しない、すなわち完全なマルチチャネルの状況を想定してみよう。そこでは実店舗とEC、あるいはカスタマー・サポート間で顧客IDが繋がっておらず、そのためショッピング・ポイントなどのロイヤルティ・プログラムも各チャネルで個別に実施され、顧客へのプロモーションもチャネル単位で行われる。ECで購入した商品を最寄りの店頭で受け取ることも、実店舗で返品することもできない。こうしたマルチチャネル環境では、消費者はさまざまな不都合に直面することになり、顧客満足度は大きく低下するだろう。それは企業の業績の低下に直結する。加えて、本書でオムニチャネル・カスタマーとして検討したように、顧客はすでにオムニチャネル化しており、実店舗、EC、モバイルアプリを自由に行き来している。そこにはもはやオフラインとオンラインという垣根すら存在しない。こうした状況を考えてみると、小売業がマルチチャネルであり続けることはできず、この意味でオ

ムニチャネル化は小売企業にとって不可避の顧客戦略なのである。

　さらに、オムニチャネルという用語自体をあえて避けようとする傾向も出はじめている。「デジタル・シフト」はその典型的な代用語であろう。「デジタルマーケティング」はマーケティングにおける近年のもっともホットなキーワードであり、オムニチャネルをデジタルマーケティングと言い換える向きもある。しかし、我々が「オムニチャネル」という用語にこだわったのは、「デジタル」と言い換えることによってオムニチャネルの本質が隠れてしまうことを危惧するからである。すなわち、デジタルマーケティングと表現することによって、顧客戦略としてのオムニチャネル、多様なチャネルを統合的に管理するオムニチャネル組織、オムニチャネル・カスタマーという新しい消費者行動、垂直的な企業間関係を支えるサプライチェーン、そして顧客へのラスト・ワン・マイルを担うロジスティクスといったオムニチャネルの重要な側面が背後に追いやられてしまう。デジタル・シフトはオムニチャネルの必要条件であっても、十分条件ではない。

　社会・経済の変化、消費者行動の進化、そして市場競争の激化など、マーケティング環境が大きく変わるなか、顧客関係の構築・維持は企業が存続・成長を図る上で決定的に重要な取り組みであり、オムニチャネルはその中心にある。そのオムニチャネルの領域は今、小売業という業種を越えてさらに広がりを見せはじめている。家電メーカー、化粧品メーカー、あるいは飲料メーカーは流通チャネルを飛び越えて、オムニチャネルを通じて消費者と直接的な関係を構築しようとしている。それは従来の垂直的なチャネル関係に大きな影響を及ぼすだろう。銀行業においても、実店舗とオンライン・バンキングを融合したオムニチャネル化が進行している。

　こうしたオムニチャネルの発展を見るとき、多様なチャネルを通じて企業と顧客との関係を統合的に管理する必要性は、大きくなることはあっても、小さくなることはないだろう。オムニチャネルを今後、どのような方向に展開、進化させるべきか。その方向性を指し示す座標軸に本書がなれば、執筆者の望外の喜びである。

参考文献

第Ⅰ章

Avery, J., Steenburgh, T. J., Deighton, J. & Caravella, M. (2012) Adding Bricks to Clicks: Predicting the Patterns of Cross-channel Elasticities over Time. *Journal of Marketing, 76*(3), pp.96-111.

Awasthi, P. & Sangle, P. S. (2012) Adoption of CRM Technology in Multichannel Environment: A Review (2006-2010). *Business Process Management Journal, 18*(3), pp.445-471.

Beck, N. & Rygl, D. (2015) Categorization of Multiple Channel Retailing in Multi-, Cross-, and Omni-channel Retailing for Retailers and Retailing. *Journal of Retailing and Consumer Services, 27*, pp.170-178.

Bell, D. R., Gallino, S. & Moreno A. (2014) How to Win in an Omnichannel World. *MIT Sloan Management Review, 56*(1), pp.44-53.

Brynjolfsson, E., Hu, Y. J. & Rahman, M. S. (2013) Competing in the Age of Omnichannel Retailing. *MIT Sloan Management Review, 54*(4), pp.1-7.

Cao, L. & Li, L. (2015) The Impact of Cross-channel Integration on Retailers' Sales Growth. *Journal of Retailing, 92*(2), pp.198-216.

Chatterjee, P. (2010) Causes and Consequences of "Order Online Pick up In-store" Shopping Behavior. *International Review of Retail, Distribution and Consumer Research, 20*(4), pp.431-448.

Chopra, S. (2016) How Omni-channel Can Be the Future of Retailing. *Decision, 43*(2), pp.135-144.

Daunt, K. & Harris, L. (2017) Consumer Showrooming: Value Co-destruction. *Journal of Retailing and Consumer Services, 38*, pp.166-176.

Emrich, O., Pau, M. & Rudolph, T. (2015) Shopping Benefits of Multichannel Assortment Integration and the Moderating Role of Retailer Type. *Journal of Retailing, 91*(2), pp.326-342.

Fernández-Sabiote, E. & Román, S. (2012) Adding Clicks to Bricks: A Study of the Consequences on Customer Loyalty in a Service Context. *Electronic Commerce Research and Applications, 11*(1), pp.36-48.

Hübner, A., Kuhn, H. & Wollenburg, J. (2016a) Last Mile Fulfilment and Distribution in Omni-channel Grocery Retailing: A Strategic Planning Framework. *International Journal of Retail & Distribution Management, 44*(3), pp.228-247.

Hübner, A., Holzapfel, A. & Kuhn, H. (2016b) Distribution Systems in Omni-channel Retailing. *Business Research, 9*(2), pp.255-196.

Huré, E. Picot-Coupey, K. & Ackermann C. (2017) Understanding Omni-channel Shopping Value: A Mixed-method Study. *Journal of Retailing and Consumer Services, 39*, pp.314-330.

角井亮一(2015)『オムニチャネル戦略』日本経済新聞社.

Kollmann, T., Kuckertz, A. & Kayser, I. (2012) Cannibalization or Synergy? Consumers' Channel Selection in Online-offline Multichannel Systems. *Journal of Retailing and Consumer Services, 19*(2), pp.186-194.

近藤公彦(1995)「小売企業多角化と市場深耕性」『季刊マーケティングジャーナル』*14*(3), pp.46-55.

近藤公彦(2015)「小売業におけるマルチチャネル化とチャネル統合」『国民経済雑誌』*212*(2), pp.61-73.

近藤公彦(2018)「日本型オムニチャネルの特質とその理論的課題」『流通研究』21(1), pp.77-89.
Konuş, U., Verhoef, P. C. & Neslin, S. A. (2008) Multichannel Shopper Segments and Their Covariates. *Journal of Retailing, 84*(4), pp.398-413.
Kotler, P. & Keller, K. L. (2015) *Marketing Management, 15th Edition.* Pearson.
Kushwaha, T. & Shankar, V. (2013) Are Multichannel Customers Really More Valuable? The Moderating Role of Product Category Characteristics. *Journal of Marketing, 77*(4), pp.67-85.
Kumar, V. & Venkatesan, R. (2005) Who Are the Multi-channel Shoppers and How Do They Perform? Correlates of Multi-channel Shopping Behavior. *Journal of Interactive Marketing, 19*(2), pp.44-62.
Lazaris, C. & Vrechopoulos, A. (2014) From Multichannel to "Omnichannel" Retailing: Review of the Literature and Calls for Research. *2nd International Conference on Contemporary Marketing Issues*, (ICCMI), 18-20 June 2014, Athens, Greece; 06/2014.
Lemon, K. N. & Verhoef, P. C. (2016) Understanding Customer Experience throughout the Customer Journey. *Journal of Marketing, 80*(6), pp.69-96.
Miller, R. (1981) Strategic Pathways to Growth in Retailing. *Journal of Business Strategy, 1*(3), pp.16-30.
村松潤一(2010)『顧客起点のマーケティングシステム』同文舘出版．
中野安(2007)『アメリカ巨大食品小売業の発展』御茶の水書房．
Neslin, S. A. & Shankar, V. (2009) Key Issues in Multichannel Customer Management: Current Knowledge and Future Directions. *Journal of Interactive Marketing, 23*(1), pp.70-81.
Neslin, S. A., Grewal, D., Leghorn, R., Shankar, V. Teerling, M. L., Thomas, J. S. & Verhoef, P. C. (2006) Challenges and Opportunities in Multi-channel Customer Management. *Journal of Service Research, 9*(2), pp.95-114.
奥谷孝司(2016)「オムニチャネル化する消費者と購買意思決定プロセス──Mobile Deviceがもたらす小売業の未来と課題」『季刊マーケティングジャーナル』36(2), pp.21-43.
奥谷孝司，岩井琢磨(2018)『世界最先端のマーケティング──世界とつながる企業のチャネルシフト戦略』日経BP社．
Parker, R. & Hand, L. (2009) Satisfying the Omnichannel Consumers Whenever and Wherever They Shop. *IDC Retail Insights.*
Payne, A. & Frow, P. (2004) The Role of Multichannel Integration in Customer Relationship Management. *Industrial Marketing Management, 33*(6), pp.527-538.
Piotrowicz, W. & Cuthbertson, R. (2014) Introduction to the Special Issue, Information Technology in Retail: Toward Omnichannel Retailing. *International Journal of Electronic Commerce, 18*(4), pp.5-15.
Rapp, A., Bakera, T. L., Bachrach, D. G., Ogilviea, J. & Beitelspacher, L. S. (2015) Perceived Customer Showrooming Behavior and the Effect on Retail Salesperson Self-efficacy and Performance. *Journal of Retailing, 91*(2), pp.358-369.
Schramm-Klein, H., Wagner, G., Steinmann, S. & Morschett, D. (2011) Cross-channel Integration – Is It Valued by Customers?. *The International Review of Retail, Distribution and Consumer Research, 21*(5), pp.501-511.
Sheth, J. N., Sisodia, R. S. & Sharma, A. (2000) The Antecedents and Consequences of Customer-Centric Marketing. *Journal of the Academy of Marketing Science, 28*(1), pp.55-66.
高嶋克義，金雲鎬(2018)「オムニチャネル化の組織的課題──小売企業における戦略転換の組織的制約」『国民経済雑誌』(神戸大学)217(3), pp.1-10.

田村正紀(1989)『現代の市場戦略』日本経済新聞社.
田村正紀(2001)『流通原理』千倉書房.
Valos, M. J., Polonsky, M., Geursen, G. & Zutshi, A. (2010) Marketers' Perceptions of the Implementation Difficulties of Multichannel Marketing. *Journal of Strategic Marketing*, 18(5), pp.417-434.
Wang, R. J., Malthouse, E. C. & Krishnamurthi L. (2015) On the Go: How Mobile Shopping Affects Customer Purchase Behavior. *Journal of Retailing*, 91(2), pp.217-234.
矢作敏行(2016)「次世代の成長エンジン構築　オムニチャネル時代に備える　流通機能の脱構築を進めよ」『販売革新』2016年4月号, pp.26-29.
山本昭二(2015)「オムニチャネルの特性と消費者行動」『ビジネス＆アカウンティングレビュー』16, pp.55-68.

第Ⅱ章

Bahn, D. L. & Fischer, P. P. (2003) Clicks and Mortar: Balancing Brick and Mortar Business Strategy and Operations with Auxiliary Electronic Commerce. *Information Technology and Management*, 4(2-3), pp.319-334.
Bakos, Y. J. (1997) Reducing Buyer Search Costs: Implications for Electronic Marketplaces. *Management Science*, 43(12), pp.1676-1692.
Beck, N. & Rygl, D. (2015) Categorization of Multiple Channel Retailing in Multi-, Cross-, and Omni-channel Retailing for Retailers and Retailing. *Journal of Retailing and Consumer Services*, 27, pp.170-178.
Blackwell, R. D. & Stephan, K. (2001) *Customers Rule! Why the E-Commerce Honeymoon Is Over and Where Winning Businesses Go from Here*, Crown Publishing Group, New York, NY, USA.
Brynjolfsson, E., Hu, Y. J. & Rahman, M. S. (2013) Competing in the Omnichannel Retailing. *MIT Sloan Management Review*, 54(4), pp.1-7.
Cao L. (2014) Business Model Transformation in Moving to a Cross-channel Retail Strategy: A Case Study. *International Journal of Electronic Commerce*. 18(4), pp.69-95.
Cao, L. & Li, L. (2015) The Impact of Cross-channel Integration on Retailers' Sales Growth. *Journal of Retailing*, 92(2), pp.198-216.
Chatterjee, P. (2010) Causes and Consequences of "Order Online Pick up In-store" Shopping Behavior. *International Review of Retail, Distribution and Consumer Research*, 20(4), pp.431-448.
Cummins, S., Peltier, J. W. & Dixon, A. (2016) Omni-channel Research Framework in the Context of Personal Selling and Sales Management: A Review and Research Extensions. *Journal of Research in Interactive Marketing*, 10(1), pp.2-16.
電通(2012)「2011年 日本の広告費」.
電通(2013)「2012年 日本の広告費」.
電通(2014)「2013年 日本の広告費」.
電通(2015)「2014年 日本の広告費」.
電通(2016)「2015年 日本の広告費」.
電通(2017)「2016年 日本の広告費」.
電通(2018)「2017年 日本の広告費」.
Doherty, N. F. & Ellis-Chadwick, F. (2010) Internet Retailing: the Past, the Present and the Future. *International Journal of Retail & Distribution Management*, 38(11/12), pp.943-965.

Gribbins, M. L. & King, R. C. (2004) Electronic Retailing Strategies: A Case Study of Small Businesses in the Gifts and Collectibles Industry. *Electronic Markets, 14*(2), pp.138-152.

博報堂DYメディアパートナーズ(2018)「メディア定点調査2018」(http://mekanken. com/mediasurveys/)(2018年8月30日確認).

Hanson, W. (2000) *Principles of Internet Marketing*, South-Western Pub (邦訳：ワード・ハンソン著, 上原征彦監訳(2001)『インターネット・マーケティングの原理と戦略』日本経済新聞社).

Herhausen, D., Binder, J., Schoegel, M. & Herrmann A. (2015) Integrating Bricks with Clicks: Retailer-level and Channel-level Outcomes of Online–offline Channel Integration. *Journal of Retailing, 91*(2), pp.309-325.

経済産業省「平成25年度 我が国経済社会の情報化・サービス化に係る基盤整備（電子商取引に関する市場調査）報告書」.

経済産業省「平成26年度 我が国経済社会の情報化・サービス化に係る基盤整備（電子商取引に関する市場調査）報告書」.

経済産業省「平成27年度 我が国経済社会の情報化・サービス化に係る基盤整備（電子商取引に関する市場調査）報告書」.

経済産業省「平成28年度 我が国におけるデータ駆動型社会に係る基盤整備（電子商取引に関する市場調査）報告書」.

経済産業省「平成29年度 我が国におけるデータ駆動型社会に係る基盤整備（電子商取引に関する市場調査）報告書」.

近藤公彦(1995)「小売企業多角化と市場深耕性」『季刊マーケティングジャーナル』*14*(3), pp.46-55.

近藤公彦(2015)「小売業におけるマルチチャネル化とチャネル統合」『国民経済雑誌』*212*(1), pp.61-73.

近藤公彦(2018)「日本型オムニチャネルの特質とその理論的課題」『流通研究』*21*(1), pp.77-89.

Kumar, V. & Venkatesan, R. (2005) Who Are the Multi-channel Shoppers and How Do They Perform? Correlates of Multi-channel Shopping Behavior. *Journal of Interactive Marketing, 19*(2), pp.44-62.

経済産業省商業統計「平成6(1994)年」「平成9(1997)年」「平成11(1999)年（簡易調査）」「平成14(2002)年」「平成16(2004)年（簡易調査）」「平成19(2007)年」「平成24(2012)年 平成24年経済センサス──活動調査結果(卸売業，小売業)」「平成26(2014)年」「平成28(2016)年 平成28年経済センサス──活動調査結果(卸売業，小売業)」.

Lazaris, C. & Vrechopoulos, A. (2014) From Multichannel to "Omnichannel" Retailing: Review of the Literature and Calls for Research. *2 nd International Conference on Contemporary Marketing Issues*, (ICCMI), 18-20 June 2014, Athens, Greece; 06/2014.

Levy, M. Barton, W. & Grewal. D. (2013) *Retailing Management, 9 th edition*, McGraw-Hill.

National Retailing Federation, Mobile Retail Initiative (2011) *Mobile Retailing Blueprint: A Comprehensive Guide for Navigating the Mobile Landscape, Version 2.0.0*.

Neslin, S. A. & Shankar, V. (2009) Key Issues in Multichannel Customer Management: Current Knowledge and Future Directions. *Journal of Interactive Marketing, 23*(1), pp.70-81.

Ngai, E. W. T. & Wat, F. K. T. (2002) A Literature Review and Classification of Electronic Commerce Research." *Information & Management, 39*(5), pp.415-429.

野村総合研究所(2018)「生活者1万人アンケート(8回目)にみる日本人の価値観・消費行動の変化──情報端末利用の個人化が進み，「背中合わせの家族」が増加」(https://www. nri. com/jp/knowledge/report/lst/2018/cc/mediaforum/forum272)(2018年8月30日確認).

Payne, A. & Frow, P. (2004) The Role of Multichannel Integration in Customer Relationship

Management. *Industrial Marketing Management, 33*(6), pp.527-538.

Picot-Coupey, K., Huré, E. & Piveteau, L. (2016) Channel Design to Enrich Customers' Shopping Experiences: Synchronizing Clicks with Bricks in an Omni-channel Perspective – the Direct Optic Case, *International Journal of Retail and Distribution Management, 44*(3), pp.336-368.

Rangaswamy, A. & van Bruggen, G. H. (2005) Opportunities and Challenges in Multichannel Marketing: An Introduction to the Special Issue. *Journal of Interactive Marketing, 19*(2), pp.5-11.

Rapp, A., Bakera, T. L., Bachrach, D. G., Ogilviea, J. & Beitelspacher, L. S. (2015) Perceived Customer Showrooming Behavior and the Effect on Retail Salesperson Self-efficacy and Performance. *Journal of Retailing, 91*(2), pp.358-369.

Rigby D. (2011) The Future of Shopping. *Harvard Business Review, 89*(12), 64-75.

Schramm-Klein, H., Wagner, G., Steinmann, S., & Morschett, D. (2011) Cross-channel Integration – Is It Valued by Customers?. *The International Review of Retail, Distribution and Consumer Research, 21*(5), pp.501-511.

Simonson, I. & Rosen, E. (2014) *Absolute Value: What Really Influences Customers in the Age of (Nearly) Perfect Information,* HarperBusiness（邦訳：イタマール・サイモンソン，エマニュエル・ローゼン著，千葉敏生訳(2016)『ウソはバレる――「定説」が通用しない時代の新しいマーケティング』ダイヤモンド社).

総務省(2018)「平成29年通信利用動向調査」.
総務省(2017)「平成28年通信利用動向調査」.
総務省(2016)「平成27年通信利用動向調査」.
総務省(2015)「平成26年通信利用動向調査」.
総務省(2014)「平成25年通信利用動向調査」.
総務省(2013)「平成24年通信利用動向調査」.
総務省(2012)「平成23年通信利用動向調査」.

Strauss, J. & Frost, R. D. (1999) *Marketing on the internet: Principles of on-line marketing.* Prentice Hall PTR（邦訳：レイモンド・フロスト，ジュディ・シュトラス著，麻田孝治訳(2000)『インターネット・マーケティング概論――ネット時代の新たなマーケティング戦略と手法』ピアソンエデュケーション).

Steinfield, C., Bouwman, H. & Adelaar, T. (2002) The Dynamics of Click-and-mortar Electronic Commerce: Opportunities and Management Strategies. *International Journal of Electronic Commerce, 7*(1), pp.93-119.

Stone, M., Hobbs, M. & Khaleeli, M. (2002) Multichannel Customer Management: The Benefits and Challenges. *Journal of Database Marketing, 10*(1), pp.39-52.

United States Census of Bureau, *The Economic Census* (1982, 1987, 1992, 1997, 2002, 2007, 2012, 2017).

Valos, M. J., Polonsky, M., Geursen, G. & Zutshi, A. (2010) Marketers' Perceptions of the Implementation Difficulties of Multichannel Marketing. *Journal of Strategic Marketing, 18*(5), pp.417-434.

Verhoef, P. C., Kannan, P. K. & Inman, J. J. (2015) From Multi-channel Retailing to Omni-channel Retailing, Introduction to the Special Issue on Multi-channel Retailing. *Journal of Retailing, 91* (2), pp.174-181.

Ward, M. R. (2001). Will Online Shopping Compete More with Traditional Retailing or Catalog Shopping? *Netnomics, 3* (2), pp.103-117.

Webb, K. L. & Hogan, J. E. (2002) Hybrid Channel Conflict: Causes and Effects on Channel Performance. *Journal of Business & Industrial Marketing, 17*(5), pp.338-356.

Yan, R., Wang, J. & Zhou, B. (2010) Channel Integration and Profit Sharing in the Dynamics of Multi-channel Firms. *Journal of Retailing and Consumer Services, 17*(5), pp.430-440.

Zhang, J., Farris, P. W., Irvin, J. W., Kushwaha, T., Steenburgh, T. J. & Weitz, B. A. (2010) Crafting Integrated Multichannel Retailing Strategies. *Journal of Interactive Marketing, 24*(2), pp.168-180.

第Ⅲ章

青木幸弘(2006)「ブランド構築と価値のデザイン」『青山マネジメントレビュー』(9), pp.26-35.

Arora, S. & Sahney, S. (2018) Antecedents to consumers' showrooming behaviour: an integrated TAM-TPB framework. *Journal of Consumer Marketing, 35*(4), 438-450.

朝野煕彦編(2016)『マーケティング・サイエンスのトップランナーたち——統計的予測とその実践事例』東京図書.

Bell, D. R., Gallino, S. & Moreno, A. (2017) Offline showrooms in omnichannel retail: Demand and operational benefits. *Management Science, 64*(4), 1629-1651.

Bitner, M. J., Ostrom, A. L. & Morgan, F. N. (2008) Service blueprinting: a practical technique for service innovation. *California management review, 50*(3), 66-94.

Blattberg, R. C. & Deighton, J. (1996) Manage marketing by the customer equity test. Harvard business review, 74(4), 136.

Blattberg R. C., Getz, G. & Thomas, J. S. (2001) *Customer Equity : Building and Managing Relationships as Valuable Assets,* Harvard Business School Press.

Blattberg, R. C., Kim, B. D. & Neslin, S. A. (2008) Multichannel Customer Management. *Database Marketing,* pp.635-674. Springer, New York, NY.

Brodie, R. J., Hollebeek, L. D., Jurić, B. & Ilić, A. (2011) Customer engagement: conceptual domain, fundamental propositions, and implications for research. *Journal of service research, 14*(3), 252-271.

Brynjolfsson, E., Hu, Y. J. & Rahman, M. S. (2013) Competing in the Age of Omnichannel Retailing. MIT Sloan Management Review, 54.4, 24-29.

Cao, L., & Li, L.(2015). The impact of cross-channel integration on retailers' sales growth. *Journal of Retailing,* 91(2), pp.198-216.

Davis, F. D., Bagozzi, R. P. & Warshaw, P. R. (1989) User Acceptance of Computer Technology: A Comparison of Two Theoretical Models. *Management Science, 35*(8), 982-1003.

Davis, Scott M. & Michael Dunn(2002) *Building the Brand-Driven Business: Operationalize Your Brand to Drive Profitable Growth,* Jossey-Bass. (邦訳:スコット M. デイビス, マイケル・ダン著, 電通ブランド・クリエーションセンター訳(2004)『ブランド価値を高める コンタクト・ポイント戦略』ダイヤモンド社)

太宰潮(2008)「フードサービスにおける経験価値アプローチ——現状の問題点とこれからのマーケティング施策:ロイヤルホストを中心に」『日本フードサービス学会年報』(13), pp.18-33.

Dick, A. S. & Basu, K. (1994) Customer loyalty: toward an integrated conceptual framework. *Journal of the academy of marketing science, 22*(2), pp.99-113.

Fornell, C. & Wernerfelt, B. (1987) Defensive marketing strategy by customer complaint management: a theoretical analysis. *Journal of Marketing research, 24*(4), pp.337-346.

Gallino, S. & Moreno, A. (2014) Integration of Online and Offline Channels in Retail: The Impact of Sharing Reliable Inventory Availability Information. *Management Science, 60*(6), pp.1351-1616.

Gao, F. & Su, X. (2017) Omnichannel Retail Operations with Buy-Online-and-Pick-up-in-Store. *Management Science, 63*(8) pp.2397-2771.

Gensler, S. Neslin, S. A. & Verhoef, P. C. (2017) The Showrooming Phenomenon: It's More than Just About Price. *Journal of Interactive Marketing, 38*, pp.29-43.

Herhausen, D., Binder, J., Schoegel, M. & Herrmann, A. (2015) Integrating Bricks with Clicks: Retailer-Level and Channel-Level Outcomes of Online–Offline Channel Integration. *Journal of Retailing, 91*(2), pp.309-325.

Holbrook, M. B. (2007) The Consumption Experience—Something New, Something Old, Something Borrowed, Something Sold: Part 3. *Journal of Macromarketing, 27*(2), pp.173-183.

Huff, D. L. (1963). A probabilistic analysis of shopping center trade areas. *Land economics*, 39(1), pp.81-90.

Huré, E., Picot-Coupey, K. & Ackermann, C. L. (2017) Understanding omni-channel shopping value: A mixed-method study. *Journal of Retailing and Consumer Services, 39*, pp.314-330.

井関利明, 藤江俊彦(2005)『ソーシャル・マネジメントの時代――関係づくりと課題解決の社会的技法』第一法規.

伊藤直史, 赤穴昇, 宇賀神貴宏(2004)「体験マーケティングの効果検証――五つの体験領域を刺激する TV-CM の広告効果」『日経広告研究所報』*213*, pp.28-33.

Kaku, M. (2012). Physics of the future: How science will shape human destiny and our daily lives by the year 2100. Anchor Books. (カク, M. 斉藤隆央(訳)(2012).『2100年の科学ライフ』NHK 出版)

Kim, C., Mirusmonov, M. & Lee, I. (2010) An empirical examination of factors influencing the intention to use mobile payment. *Computers in Human Behavior, 26*(3), pp.310-322.

Kotler, P., Kartajaya, H. & Setiawan, I. (2017) *MARKETING 4.0*. WILEY. (邦訳：フィリップ・コトラー, ヘルマワン・カルタジャヤ, イワン・セティアワン著, 恩藏直人監訳, 藤井清美訳 (2017)『コトラーのマーケティング4．0』朝日新聞出版社)

Kumar, V. & Venkatesan, R. (2005) Who are the multi-channel shoppers and how do they perform? Correlates of multi-channel shopping behavior. *Journal of Interactive Marketing, 19*(2), pp.44-62.

Kumar, V., Aksoy, L., Donkers, B., Venkatesan, R., Wiesel, T. & Tillmanns, S. (2010) Undervalued or overvalued customers: capturing total customer engagement value. *Journal of service research, 13*(3), pp.297-310.

Kwon, K. N., & Jain, D. (2009). Multichannel shopping through nontraditional retail formats: Variety-seeking behavior with hedonic and utilitarian motivations. *Journal of Marketing Channels*, 16(2), pp.149-168.

Lazaris, C. & Vrechopoulos, A. (2014) From multichannel to "omnichannel" retailing: Review of the literature and calls for research. *2nd International Conference on Contemporary Marketing Issues*, (ICCMI), 18-20 June 2014, Athens, Greece; 06/2014.

Lemon, K. N. & Verhoef, P. C. (2016) Understanding Customer Experience throughout the Customer Journey. *Journal of Marketing, 80*(5), pp.69-96.

Lovelock. C, H. (1984) *Services Marketing: Text, Cases, & Readings*. Prentice-Hall.

益田一(2007)「ブランド体験の測定尺度 EXScale――開発プロセスと活用事例の紹介」『日経広告研究所報』*230*, pp.33-38.

松田芳雄(2017)「マルチチャネル顧客の分析方法――マルチチャネル顧客は優良か」『Direct Marketing Review』16, pp.4-17.

Mehra, A., Kumar, S. & Raju, J. S. (2018) Competitive Strategies for Brick-and-Mortar Stores to Counter "Showrooming". *Management Science, 64*(7), pp.2973-3468.

森健二(2016)『ソニー　盛田昭夫――"時代の才能"を本気にさせたリーダー』ダイヤモンド社.

Neslin, S. A., Grewal, D., Leghorn, R., Shankar, V. Teerling, M. L., Thomas, J. S. & Verhoef, P. C. (2006) Challenges and opportunities in multi-channel customer management. *Journal of Service Research, 9*(2), pp.95-114.

National Retail Federation (2011) *Mobile Retailing Blueprint: A Comprehensive Guide for Navigating the Mobile Landscape Version 2.0.0.*

新倉貴士(2015)「モバイルアプリと購買意思決定プロセス」『慶応経営論集』32(1), pp.35-50.

Novak, T. P., Hoffman, D. L. & Yung, Y. F. (2002) Measuring the Customer Experience in Online Environments: A Structural Modeling Approach, *Marketing Science, 19*(1), pp.22-42.

Oliver, R. L. (1999) Whence consumer loyalty?. *Journal of Marketing, 63,* pp.33-44.

恩藏直人(2007)『コモディティ化市場のマーケティング論理』有斐閣.

Pansari, A. & Kumar, V. (2017) Customer engagement: the construct, antecedents, and consequences. *Journal of the Academy of Marketing Science, 45*(3), pp.294-311.

Pauwels, K. & Neslin, S. A. (2015) Building with bricks and mortar: The revenue impact of opening physical stores in a multichannel environment. *Journal of Retailing, 91*(2), pp.182-197.

Peck, J. & T. L. Childers (2003) Individual Differences in Haptic Information Processing: The Need for Touch Scale. *Journal of Consumer Research, 30*(3), pp.430-442.

Peppers, D. & Rogers, M. (2016) *Managing Customer Experience and Relationships: A Strategic Framework 3rd Edition,* Wiley.

Pine, B. J. & J. H. Gilmore (1999) *The Experience Economy,* Harvard Business School Press. (邦訳：B. J. パイン, J. H. ギルモア著, 岡本慶一, 小高尚子訳(2005)『[新訳] 経験経済――脱コモディティ化のマーケティング戦略』ダイヤモンド社)

Prahalad, C. K. & Ramaswamy, V. (2000) Co-opting customer competence. *Harvard business review, 78*(1), pp.79-90.

Rapp, A., Baker, T. L., Bachrach, D. G., Ogilvie, J. & Beitelspacher, L. S. (2015) Perceived customer showrooming behavior and the effect on retail salesperson self-efficacy and performance. *Journal of Retailing, 91*(2), pp.358-369.

Reichheld, F. F. & Sasser, J. W. (1990) Zero defections: Quality comes to services. *Harvard business review, 68*(5), pp.105-111.

Rintamäki, T., Kanto, A., Kuusela, H. & Spence, M. T. (2006) Decomposing the value of department store shopping into utilitarian, hedonic and social dimensions: Evidence from Finland. *International Journal of Retail & Distribution Management, 34*(1), pp.6-24.

流通経済研究所(2011)『ショッパー・マーケティング』日本経済新聞出版社.

Schmitt, B. H. & Simonson, A. (1997) *Marketing Aesthetics：The Strategic Management of Brands, Identity, and Image,* The Free Press. (邦訳：B. H. シュミット, A. シモンソン著, 河野龍太訳(1998)『「エスセティクス」のマーケティング戦略――"感覚の経験"によるブランド・アイデンティティの戦略的管理』プレンティスホール出版)

Schmitt, B. H. (1999) *Experiential Marketing：How to Get Customers to Sense, Feel, Think, Act, Relate,* The Free Press. (邦訳：B. H. シュミット著, 嶋村和恵, 広瀬盛一訳(2000)『経験価値

マーケティング——消費者が「何か」を感じるプラス α の魅力』ダイヤモンド社）
Schmitt, B. H. (2003) *Customer Experience Management: A Revolutionary Approach to Connecting with Your Customers,* John Wiley & Sons. (邦訳：B. H. シュミット著, 嶋村和恵, 広瀬盛一訳(2004)『経験価値マネジメント——マーケティングは, 製品からエクスペリエンスへ』ダイヤモンド社）
Shanker, V. & Balasubramanian, S. (2009) Mobile Marketing: A Synthesis and prognosis. *Journal of Interactive Marketing, 23*(2), pp.118-129.
Shostack, L. (1984) Designing services that deliver. *Harvard business review 62*(1), pp.133-139.
田中洋(2018)『ブランド戦略論』有斐閣.
Thakur, R. (2018) Customer engagement and online reviews. *Journal of Retailing and Consumer Services, 41,* pp.48-59.
Verhoef, P. C., Neslin, S. A. & Vroomen, B. (2007) Multichannel customer management: Understanding the research-shopper phenomenon. *International Journal of Research in Marketing, 24*(2), pp.129-148.
Vivek, S. D., Beatty, S. E. & Morgan, R. M. (2012) Customer engagement: Exploring customer relationships beyond purchase. *Journal of marketing theory and practice, 20*(2), pp.122-146.
Wind, Y. & Mahajan, V. (2002) *Convergence Marketing: Strategies for Reaching the New Hybrid Customer.* Upper Saddle River, NJ: Prentice Hall.

第Ⅳ章

Blom, A., Lange, F. & Hess, R. L. Jr. (2017) "Omnichannel-based promotions' effects on purchase behavior and brand image". *Journal of Retailing and Consumer Services, 39,* November, pp.286-295.
青木幸弘(2011)「ブランド研究における近年の展開」『商学論究』関西学院大学商学研究会, *58*(4), pp.43-68.
アーカー・デービット・A, 阿久津聡(2002)「ブランドが組織と戦略を統合する」『DIAMONDハーバード・ビジネス・レビュー』2002年3月号, pp.68-79.
阿久津聡, 石田茂(2002)『ブランド戦略シナリオ』ダイヤモンド社, p.48.
Batra, R. & Keller, K. L. (2016) Integrating Marketing Communications: New Findings, New Lessons, and New Ideas. *Journal of Marketing, 80*(6), pp.122-145.
Cao, L. (2014) Business Model Transformation in Moving to a Cross-Channel Retail Strategy: A Case Study. *International Journal of Electronic Commerce, 18*(4), pp.69-95.
Duncan, T. & Mulhern, F. eds. (2004) A White Paper on the Status, Scope and Future of IMC. *IMC Symposium,* Northwestern University and University of Denver: McGraw Hill.
藤川佳則(2008)「サービス・ドミナント・ロジック——「価値共創」の視点からみた日本企業の機会と課題」『季刊マーケティングジャーナル』*27*(3), p.34.
Keller, K. L. (2010) "Brand Equity Management in a Multichannel, Multimedia Retail Environment". *Journal of Interactive Marketing,* pp.58-70.
Kitchen, Philip. and Schultz, Don. (2001). Raising the Corporate Umbrella. *Palgrave Macmillan.* p.108.
岸志津江(2016)「IMC概念を再考する——進化と課題」『季刊マーケティングジャーナル』*36*(3), pp.6-22.
Kitchen, P. & Schultz, D. (2001) *Raising the Corporate Umbrella.* Palgrave Macmillan, Basingstoke, U. K.

Kliatchko, J. (2008) Revisiting the IMC Construct: A Revised Definition and Four Pillars. *International Journal of Advertising*, 27(1), pp.133-160.
近藤公彦(2018)「日本型オムニチャネルの特質とその理論的課題」『流通研究』21(1), pp.77-78
Moriarty, S. E. & Schultz, D. E. (2012) Four Theories of How IMC Works, in Rodgers, S, & Thorson, E. eds. *Advertising Theory,* Routledge, New York, NY, pp.491-505.
村松潤一編, 中見真也(2016)『ケースブック　価値共創とマーケティング論』同文舘出版, p.99.
村松潤一編, 藤岡芳郎(2015)『価値共創とマーケティング論』同文舘出版, p.31.
Payne, E. M., Peltier, J. W. & Barger V. A. (2017) Omni-channel Marketing, Integrated Marketing Communications and Consumer Engagement: A Research Agenda. *Journal of Research in Interactive Marketing*, 11(2), pp.185-197.
Peltier, J. W., Schibrowsky, J. A., Schultz, D. E. & Zahay, D. (2006) Interactive IMC: the Relational-Transactional Continuum and the Synergistic Use of Customer Data. *Journal of Advertising Research*, 46(2), pp.146-159.
Piotrowicz, W. & Cuthbertson, R. (2014) Introduction to the Special Issue, Information Technology in Retail: Toward Omnichannel Retailing. *International Journal of Electronic Commerce*, 18(4), pp.5-15.
Rangaswamy, A. & van Bruggen, G. H. (2005) Opportunities and Challenges in Multichannel Marketing: An Introduction to the Special Issue. *Journal of Interactive Marketing*, 19(2), pp.5-11.
Reid, M, Luxton, S. & Mavondo F. (2005) The Relationship between Integrated Marketing Communication, Market Orientation, and Brand Orientation. *Journal of Advertising*, 34(4), pp.11-23.
Schultz, D. E. (2016) The Future of Advertising or Whatever We're Going to Call It. *Journal of Advertising*, 45(3), pp.276-285.
Schultz, D. E. & Schultz, H. F. (1998) Transitioning Marketing Communication into the Twenty-first Century. *Journal of Marketing Communications*, 4(1), pp.9-26.
Schultz, D. E., Tannenbaum, S. I. & Lauterborn, R. (1994) *Integrated Marketing Communications*. Chicago, IL: NTC Publishing.
高橋広行(2014)「消費者視点のリテール・ブランド・エクイティ――食品スーパーを対象にしたモデルの検討」『季刊マーケティングジャーナル』33(4), pp.57-74.
阿久津聡(2014)「ブランドと経営学の接合(第2章)」田中洋編『ブランド戦略全書』有斐閣, p.26.
和田充夫(2002)『ブランド価値共創』同文舘出版, pp.19, 178, 180, 183.

第V章

Berman, B. & Thelen, S. (2004) A Guide to Developing and Managing a Well-integrated Multi-channel Retail Strategy. *International Journal of Retail & Distribution Management*, 32(3), pp.147-156.
Brynjolfsson, E., Hu, Y. J. & Rahman, M. S. (2009) Battle of the Retail Channels: How Product Selection and Geography Drive Cross-channel Competition. *Management Science*, 55(11), pp.1755-1765.
Cao, L. & Li, L. (2015) The Impact of Cross-channel Integration on Retailers' Sales Growth. *Journal of Retailing*, 92(2), pp.198-216.
Cassab, H. & MacLachlan, D. L. (2009) A Consumer-based View of Multi-channel Service. *Journal of Service Management*, 20(1), pp.52-75.

Chang, M. H. & Harrington, J. E. (2000) "Centralization vs. Decentralization in a Multi-Unit Organization: A Computational Model of a Retail Chain as a Multi-Agent Adaptive System." *Management Science, 46*(11), pp.1427-1440.

Coelho, F. & Easingwood, C. (2003) Multiple Channel Structures in Financial Services: A Framework. *Journal of Financial Services Marketing, 8*(1), pp.22-34.

Cooper, R. B. & Zmud, R. W. (1990) "Information technology implementation research: A technological diffusion approach." *Management Science, 36*(2), pp.123-139.

デールミュール, レアンドロ. & ダベンポート, トーマス H.(2018).「データ管理は戦略である」『DIAMOND ハーバード・ビジネス・レビュー』11月号. ダイヤモンド社. p.110.

Day, G. S. (1994) "The Capabilities of Market-Driven Organizations." *Journal of Marketing, 58*(4), pp.37-52.

Day, G. S. (2011) "Closing the Marketing Capabilities Gap." *Journal of Marketing, 75*(4), pp.183-195.

Deleersnyder, B., Geyskens, I., Gielens, K. & Dekimpe, M G. (2002) How Cannibalistic Is the Internet Channel? A Study of the Newspaper Industry in the United Kingdom and the Netherlands." *International Journal of Research in Marketing. 19*(4), pp.337-348.

Emrich, O., Pau, M. & Rudolph, T. (2015) Shopping Benefits of Multichannel Assortment Integration and the Moderating Role of Retailer Type. *Journal of Retailing, 91*(2), pp.326-342.

Falk, T., Schepers, J., Hammerschmidt, M. & Bauer, H. H. (2007) Identifying Cross-channel Dissynergies for Multichannel Service Providers. *Journal of Service Research, 10*(2), pp.143-160.

Fichman, R. G. & Kemerer. C. F. (1997) "The assimilation of software process innovations: An organizational learning perspective." *Management Science, 43*(10), pp.1345-1363.

Galbraith, J. R. (1974) "Organization design- An information processing view." *Interfaces, 4*(3), pp.28-36.

Gartner(2017) *CMO SPEND SURVEY 2017-018*, Gartner.

Gerow, J. E., Grover, V., Thatcher, J. & Roth, P. L. (2014) "Looking toward the Future of IT-business strategic alignment through the past: meta-analysis." *MIS Quarterly, 38*(4), pp.1159-1185.

Goersch, D. (2002) Multi-channel Integration and its Implications for Retail Web Sites. *ECIS 2002 Proceedings, June 6 - 8 , Gdańsk, Poland*, pp.748-758.

Gulati, R. & Garino, J. (2000) Get the Right Mix of Bricks and Clicks. *Harvard Business Review, 78*(3), pp.107-14.

Jansen. J. J. P., Van Den Bosch. F. A. J. & Volberda. H. W. (2005) "Managing potential and realized absorptive capacity: how do organizational antecedents matter?." *The Academy of Management Journal, 48*(6), pp.999-1015.

Jin, B., Park, J. Y. & Kim, J. (2010) Joint Influence of Online Store Attributes and Offline Operations on Performance of Multichannel Retailers. *Behaviour & Information Technology, 29*(1), pp.85-96.

Joshi, A. & Gimenez, E. (2014) "Decision-Driven Marketing." *Harvard Business Review, 92*, pp.64-71.

Keller, K. L. (2010) Brand Equity Management in a Multichannel, Multimedia, Retail Environment. *Journal of Interactive Marketing, 24*(2), pp.58-70.

金雲鎬(2013)「小売企業の CRM 活動と需要管理能力」『流通情報』*44*(5), pp.4-12.

金雲鎬(2017)「流通・小売のセールスプロモーションを知る――関連概念と理論の整理(3章)」『デジタルで変わるセールスプロモーション基礎』宣伝会議, pp.63-90.
Kohli, A & Jaworski, B. (1990) "Market Orientation: The Construct, Research Proposition, and Managerial Implications." *Journal of Marketing*, 54(2), pp.1-18.
Kollmann, T., Kuckertz, A. & Kayser, I. (2012) Cannibalization or Synergy? Consumers' Channel Selection in Online-offline Multichannel Systems. *Journal of Retailing and Consumer Services*, 19(2), pp.186-194.
近藤公彦(2018)「日本型オムニチャネルの特質とその理論的課題」『流通研究』21(1), pp.77-78
Leandro, D. & Davenport, T. H. (2017) "What's Your Data Strategy?." *Harvard Business Review*, 95, p.116.
Lewis, L., Whysall, P. & Foster, C. (2014) Drivers and Technology-Related Obstacles in Moving to Multichannel Retailing. *International Journal of Electronic Commerce*, 18(4), pp.43-67.
Liang, H. G., Saraf, N., Hu, Q. & Xue, Y. J. (2007) "Assimilation of enterprise systems: the effect of institutional pressures and the mediating role of top management." *MIS Quarterly*, 31(1), pp.59-87.
マイケル・ウェイド, ジェフ・ルークス, ジェイムズ・マコーレー, アンディ・ノロニャ著, 根来龍之監訳(2017)『対デジタル・ディスラプター戦略――既存企業の戦い方』日本経済新聞出版社.
Malone, T. W. & Crowston, K. (1994) "The Interdisciplinary Study of Coordination," *ACM Computing Surveys*, 26(1), pp.87-119.
March, J. G. (1991) "Exploration and Exploitation in Organizational Learning." *Organizational Science*, 2(1), pp.71-87.
Melville, N., Kraemer, K. & Gurbaxani, V. (2004) "Review: Information Technology and Organizational Performance: An Integrative Model of It Business Value." *MIS Quarterly*, 28(2), pp.283-322.
Montoya-Weiss, M. M., Voss, G. B. & Grewal, D. (2003) Determinants of Online Channel Use and Overall Satisfaction with a Relational Multichannel Service Provider. *Journal of the Academy of Marketing Science*, 31(4), pp.448-458.
Narver, J. & Slater, S. (1990) "The Effect of a Market Orientation on Business Profitability." *Journal of Marketing*, 54(4), pp.20-35.
Neslin, S. A., Grewal, D., Leghorn, R., Shankar, V. Teerling, M. L., Thomas, J. S. & Verhoef, P. C. (2006) Challenges and Opportunities in Multi-channel Customer Management. *Journal of Service Research*, 9(2), pp.95-114.
Neslin, S. A. & Shankar, V. (2009) Key Issues in Multichannel Customer Management: Current Knowledge and Future Directions. *Journal of Interactive Marketing*, 23(1), pp.70-81.
Pavlou, P. A. & El Sawy, O. A. (2006) "From IT leveraging competence to Competitive advantage in turbulent environments: the case of new product development." *Information Systems Research*, 17(3), pp.198-227.
Payne, A. & Frow, P. (2004) The Role of Multichannel Integration in Customer Relationship Management. *Industrial Marketing Management*, 33(6), pp.527-538.
Rosenbloom, B. (2007) Multi-Channel Strategy in Business-to-Business Markets: Prospects and Problems. *Industrial Marketing Management*, 36(1), pp.4-9.
Sousa, R. & Voss, C. A. (2006) Service Quality in Multichannel Services Employing Virtual Channels. *Journal of Service Research*, 8(4), pp.356-371.
Steinfield, C., Bouwman, H. & Adelaar, T. (2002) The Dynamics of Click-and-mortar Electronic

Commerce: Opportunities and Management Strategies. *International Journal of Electronic Commerce, 7*（1）, pp.93-119.
Stone, M., Hobbs, M. & Khaleeli, M.（2002）Multichannel Customer Management: The Benefits and Challenges. *Journal of Database Marketing, 10*（1）, pp.39-52.
Szulanski, G.（1996）"Exploring internal stickiness-impediments to the transfer of best practice within the firm." *Strategic Management Journal, 17*, pp.27-43.
高嶋克義，金雲鎬(2018)「オムニチャネル化の組織的課題——小売企業における戦略転換の組織的制約」『国民経済雑誌』*217*（3）, pp.1-10.
Tsay, A. A. & Agrawal, N.（2004）Channel Conflict and Coordination in the E-commerce Age. *Production and Operations Management, 13*（1）, pp.93-110.
Valos, M. J., Polonsky, M., Geursen, G. & Zutshi, A.（2010）Marketer's Perceptions of the Implementation Difficalties of Multichannel Marketing. *Journal of Strategic Marketing, 18*（5）, pp.417-434.
Verhoef, P. C., Kannan, P. K. & Inman, J. J.（2015）From Multi-channel Retailing to Omni-channel Retailing, Introduction to the Special Issue on Multi-channel Retailing. *Journal of Retailing, 91*（2）, pp.174-181.
Webb, K. L. & Hogan, J. E.（2002）Hybrid Channel Conflict: Causes and Effects on Channel Performance. *Journal of business & Industrial Marketing, 17*（5）, pp.338-356.
Yan, R., Wang, J. & Zhou, B.（2010）Channel Integration and Profit Sharing in the Dynamics of Multi-channel Firms. *Journal of Retailing and Consumer Services, 17*（5）, pp.430-440.
Zhang, J., Farris, P. W., Irvin, J. W., Kushwaha, T., Steenburgh, T. J. & Weitz, B. A.（2010）Crafting Integrated Multichannel Retailing Strategies. *Journal of Interactive Marketing, 24*（2）, pp.168-180.

第Ⅵ章

Brynjolfsson, E., Hu, Y. J. & Rahman, M. S.（2013）"Competing in the Age of Omnichannel Retailing." *MIT Sloan Management Review, 54*（4）, pp.23-29.
David. B. R., Gallino, S. & Moreno, A.（2014）"How to Win in an Omnichannel World." *MIT Sloan Management Review, 56*（1）, pp.44-53.
Dooley, K.（2002）"Organizational Complexity." *International Encyclopedia of Business and Management,* M. Warner (ed.), London: Thompson Learning, pp.5013-5022.
Heitz-Spahn, S.（2013）"Cross-channel free-riding consumer behavior in a multichannel environment: An investigation of shopping motives, sociodemographics and product categories." *Journal of Retailing and Consumer Services, 20*（6）, pp.570-578.
角井亮一(2015)『オムニチャネル戦略』日経文庫．
角井亮一(2018)『すごい物流戦略』PHP新書．
金雲鎬(2017)「流通・小売のセールスプロモーションを知る——関連概念と理論の整理(3章)」『デジタルで変わるセールスプロモーション基礎』宣伝会議，pp.63-90.
Pridmore, J. & Hämäläinen, L. E.（2017）"Market Segmentation in (In)Action: Marketing and 'Yet to Be Installed' Role of Big and Social Media Data." *Historical Social Research, 42*（1）, pp.103-122.
Rigby, D.（2011）"The Future of Shopping," *Harvard Business Review, 89*(12), pp.64-75.
Szulanski, G.（1996）"Exploring internal stickiness-impediments to the transfer of best practice within the firm." *Strategic Management Journal, 17*, pp.27-43.

髙嶋克義(2012)『現代商業学』有斐閣．
髙嶋克義，金雲鎬(2018)「オムニチャネル化の組織的課題――小売企業における戦略転換の組織的制約」『国民経済雑誌』*217*(3), pp.1-10.
Zollo, M. & Winter, S. G.（2002）"Deliberate learning and the evolution of dynamic capabilities." *Organization Scinece, 13*(3), pp.223-353.

第Ⅶ章

大雄智，中村亮介，岡田幸彦(2011)「ポイントプログラム会計のフレームワーク」『會計』*179*(6), pp.891-905.
河合祐子(2018)「Fintech が描く未来」『年金と経済』*36*(4).
経済産業省(2017年5月)「Fintech ビジョン」．
経済産業省(2018年4月)「キャッシュレス・ビジョン」．
週刊ダイヤモンド2018年9月25日号「乗り遅れるな！キャッシュレス」pp.33, 51-52
特許第5850592号(2016年2月), 金融口座を管理するコンピュータ・システム
中川宏道(2015)「ポイントと値引きはどちらが得か？――ポイントに関するメンタル・アカウンティング理論の検証」『行動経済学』*8*, pp.16-29.
日本銀行(2017年6月)「モバイル決済の現状と課題」．
日本銀行(2018年2月)「決済システムレポート・フィンテック特集号」．
日本クレジット協会「日本のクレジット統計(2015年版～2017年版)」．
浜銀総合研究所(2018年2月)「産業調査レポート」*54*.

第Ⅷ章

Badlow(2017) 2017年4月に実施されたペンシルバニア大学 Wharton Executive Education "Marketing Metrics: Linking Marketing to Financial Consequences" での講義資料を一部引用．
Google(2016)「Think with Google――マイクロモーメント Step 1」(https://www.thinkwithgoogle.com/intl/ja-jp/articles/search/how-to-be-there-at-micro-moments/)
Kotler, P., Kartajaya, H., Setiawan, I. 著，恩藏直人監修，藤井清美訳(2017)『コトラーのマーケティング4.0』朝日新聞出版, pp.97, 119, 120, 121.
Katsikeas, C. S., Morgan, N. A., Leonidou, G. L. C & Hult, T. M.（2016）"Assessing Performance Outcomes in Marketing". *Journal of Marketing, 80*(2), pp.1-20.
株式会社キタムラ(2018)「2018年3月期決算説明会資料」．
Lemon K. N. & Verhoef P. C.（2016）"Understanding customer experience throughout the customer journey". *Journal of Marketing, 80*(6), pp.69-96.
松田芳雄(2017)「マルチチャネル顧客の分析方法――マルチチャネル顧客は優良か」*Direct marketing review: Journal of the Academic Society of Direct Marketing, 16*, pp. 4 -17.
Rapp, A., Baker, T. L., Bachrach, D. G., Ogilvie, J. & Beitelspacher, L. S.（2015）Perceived customer showrooming behavior and the effect on retail salesperson self-efficacy and performance. *Journal of Retailing, 91*(2), pp.358-369.
流通経済研究所編(2016)『インストア・マーチャンダイジング』日本経済新聞出版社．
佐藤尚之(2018)『ファンベース：支持され，愛され，長く売れ続けるために』ちくま新書, pp.246, 249, 251.

執筆者略歴

近藤公彦（こんどう・きみひこ）
小樽商科大学大学院商学研究科教授
▶編者、前書き、第Ⅰ章、第Ⅱ章第3節、第Ⅳ章第1節、第Ⅴ章第1節、あとがき執筆

中見真也（なかみ・しんや）
学習院大学経済経営研究所客員所員
▶編者、第Ⅳ章第2節第1項、第Ⅶ章第2節、第Ⅷ章第2節執筆

今井紀夫（いまい・のりお）
一橋大学大学院経営管理研究科国際企業戦略専攻博士後期課程
▶第Ⅱ章第4節、第Ⅳ章第1節、第Ⅴ章第2節第2項、第Ⅷ章第4節執筆

岩井琢磨（いわい・たくま）
株式会社顧客時間共同CEO 代表取締役
▶第Ⅳ章第2節第2項執筆

大島誠（おおしま・まこと）
パナソニック株式会社CNS社エグセクティブインダストリースペシャリスト
▶第Ⅱ章第1、第2節執筆

奥谷孝司（おくたに・たかし）
オイシックス・ラ・大地株式会社執行役員、株式会社顧客時間共同CEO取締役、一橋大学大学院商学研究科博士後期課程
▶第Ⅲ章第2節執筆

金雲鎬（きむ・うんほ）
日本大学商学部教授
▶第Ⅴ章第2節第1項、第4項、第Ⅵ章第1節執筆

角井亮一（かくい・りょういち）

株式会社イー・ロジット代表取締役チーフコンサルタント、多摩大学大学院客員教授、株式会社ウケトル共同創業者
▶ 第Ⅵ章第2節執筆

影井智宏（かげい・ともひろ）

株式会社浜銀総合研究所上席主任研究員
▶ 第Ⅶ章第1節執筆

杉田愼一郎（すぎた・しんいちろう）

神戸大学大学院経営学研究科MBAシニアフェロー
▶ 第Ⅴ章2節第3項、第Ⅵ章3節執筆

太宰潮（だざい・うしお）

福岡大学商学部准教授
▶ 第Ⅱ章第5節：共同、第Ⅲ章第4節執筆

鶴見裕之（つるみ・ひろゆき）

横浜国立大学大学院国際社会科学研究院准教授
▶ 第Ⅲ章第1節、第Ⅷ章第1節執筆

西原彰宏（にしはら・あきひろ）

亜細亜大学経営学部准教授
▶ 第Ⅱ章第4節、第5節：共同、第Ⅲ章第3節：共同、第Ⅲ章第5節執筆

逸見光次郎（へんみ・こうじろう）

株式会社CaTラボ代表取締役、オムニチャネルコンサルタント
▶ 第Ⅶ章第3節、第Ⅷ章第3節執筆

オムニチャネルと顧客戦略の現在

2019年9月26日 初版第1刷発行
2021年10月20日 初版第2刷発行

編著者　近藤公彦／中見真也

発行者　千倉成示

発行所　株式会社 千倉書房
　　　　〒104-0031 東京都中央区京橋2-4-12
　　　　電話 03-3273-3931（代表）
　　　　https://www.chikura.co.jp/

印刷・製本　精文堂印刷株式会社
装丁　米谷豪

©KONDO Kimihiko/NAKAMI Shinya 2019　Printed in Japan 〈検印省略〉
ISBN 978-4-8051-1181-9 C3063

乱丁・落丁本はお取り替えいたします

JCOPY ＜(社)出版者著作権管理機構 委託出版物＞

本書のコピー、スキャン、デジタル化など無断複写は著作権法上での例外を除き禁じられています。複写される場合は、そのつど事前に(社)出版者著作権管理機構（電話 03-5244-5088、FAX 03-5244-5089、e-mail: info@jcopy.or.jp）の許諾を得てください。また、本書を代行業者などの第三者に依頼してスキャンやデジタル化することは、たとえ個人や家庭内での利用であっても一切認められておりません。

新装版 ケース・スタディの方法 ［第2版］

ロバート K・イン 著　近藤公彦 訳

データ収集以上にケース・スタディの設計と分析に関心を払うことで、経験論的リサーチ法としての厳密な方法論を展開する。

◆A5判並製／本体3500円+税／978-4-8051-0977-9

新装版 市場志向の経営

黒田重雄ほか 著

効率的マネジメントのために企業との関係の中でマーケットをどう理解し、分析し、意思決定に繋げていくかを考える。

◆A5判並製／本体3600円+税／978-4-8051-0996-0

流通モード進化論

田村正紀 著

多種多様な流通モードは、なぜ生まれ劇的な変化を遂げたのか。その背景を生産、消費、技術、規制の姿などから描き出す。

◆A5判上製／本体3200円+税／978-4-8051-1170-3

表示価格は2019年9月現在

千倉書房